# 心寬寬心

天空是遼闊的，它不分你我；

大地是偉大的，但是它在我們的腳下。

心寬，天地闊。

把心放寬了，人生何處不開闊。

暢銷書排行榜作家 何權峰◎著

to be at ease

萬物的本質都是善的，一旦你不再劃分，
所有的對立消失，所有的衝突消失，
那就是和諧的藝術。

生活勵志 024

# 心寬，寬心

作　　者　何權峰
編　　輯　李欣蓉
校　　對　蘇芳毓、李欣蓉
出 版 者　英屬維京群島商高寶國際有限公司台灣分公司
　　　　　Global Group Holdings, Ltd.
聯絡地址　台北市內湖區新明路174巷15號1樓
網　　址　www.sitak.com.tw
電　　話　(02) 27911197　27918621
電　　傳　出版部(02) 27955824　行銷部(02) 27955825
郵政劃撥　19394552
戶　　名　英屬維京群島商高寶國際有限公司台灣分公司
登 記 證　局版北市業字第1172號
初版日期　2005年10月
發　　行　希代書版集團發行/Printed in Taiwan

香港總經銷　全力圖書有限公司
地　　址　香港新界葵涌打磚坪街58-76號和豐工業中心1樓8室
電　　話　（852）2494-7282　傳真（852）2494-7609



國家圖書館出版品預行編目資料

心寬，寬心 / 何權峰著. -- 初版. -- 臺北市 :
高寶國際出版 : 希代發行, 2005[民94]
面 ; 公分. -- (生活勵志 ; HL024)

ISBN 986-7323-79-3(平裝)
1. 修身 2. 生活指導

192.1　　94018284

天空是遼闊的，它不分你我；
大地是偉大的，但是它在我們的腳下。
心寬，天地闊。
把心放寬了，人生何處不開闊。

# 序

## 心寬，天地闊

當你說「潔淨」的同時，也產生了「污穢」；
當你說「寧靜」的同時，也產生了「噪音」；
當你說「良善」的同時，也產生了「罪惡」；
當你說這是好的，這個是我喜歡的，也就產生了不好的和不喜歡的。
當你說那是對的，那個是我認同的，也就產生了不對的和不認同的。
一旦我們去分別，問題就產生了。

＊

你說，你喜歡衣服潔淨無染，所以你不敢穿純白的衣服，不敢碰不乾淨的東西，因為你擔心會弄髒了衣服，這不是被「潔淨」污染了嗎？

你說，這隻蝴蝶好漂亮，你好喜歡，那毛毛蟲呢？相較於蝴蝶，毛毛蟲是醜的嗎？但是沒有毛毛蟲，蝴蝶的美又如何存在？

你說。你一心向善，所以你會怎麼做呢？你會對惡人嗤之以鼻，對嗎？然而一個會厭惡別人錯誤的人，還是良善嗎？

就像刻意去靜心，就愈難靜下心；愈刻意良善，就愈難真正的善良。

如果你是良善，你需要刻意嗎？如果你很謙虛，你需要強調嗎？如果你沒有錯，你需要大發雷霆嗎？如果你很有名，你需要到處宣傳嗎？

不管你刻意做什麼，事實就正好相反。

刻意的善良，其實是一種偽善；刻意的謙虛，其實是另一種驕傲。身段非常柔軟的人，內在往往愈堅硬；會用力跺腳的人，往往是因為站不住腳；刻意去說服別人什麼的人，往往什麼都不是。如果事情是假的，人們就會把它弄的跟「真的」一樣，這就是刻意。

＊

那人為什麼要刻意？這問題你想過嗎？為什麼人要刻意強調？為什麼人會刻意去展示？

答對了，還是分別心。因為當你去分別好與壞、對與錯、善與惡、美與醜、得與失、有用與無用、有名與無名……分別說這個是好的，那個是不好的；這個我喜歡，那個我不喜歡，每一個價值判斷都會導致一種執著。

＊

比方，如果你執著的是名，你認同名望，你喜歡出名，但你並沒有，結果會怎麼樣？你會感到懊惱，對嗎？然後你就會去追求，你可能會去買名牌東西，去認識名人，你會刻意去表現自己，讓自己出名。

如果你執著的是金錢，你會刻意去強調你的財富，說你擁有多少股票、賺了多少錢；如果你執著的是知識，你會刻意去表現你的學問，你會迫不及待展現你的聰明才智。

刻意就是這麼來，如果你對知識與無知，聰明與愚蠢，有錢與沒錢，有名與無名，沒有分別心，那你還需要刻意強調或展現什麼嗎？

＊

生命原本好好的，為什麼人會把日子搞得那麼糟？原因在於我們的心太狹隘了，我們喜歡把人事物劃分，我們無法放寬心胸去包容、去接受所有。

事實上，這世上沒有任何一個人是絕對的不好，沒有任何一件事是絕對的壞事，也沒有任何一個東西是絕對的沒用，即使是骯髒污穢的垃圾，只要放對地方，也能滋養大地，開出美麗的花，結出甜美的果。

天空是遼闊的，它不分你我；大地是偉大的，但是它在我們的腳下。

心寬，天地闊。把心放寬了，人生何處不開闊。

# Contents

*「罪人」來自「聖人」 50

譴責別人沒有美德，並不能讓你擁有美德；
罵別人沒教養，也不會讓你變得有教養；
批評別人不道德，更不能讓你變得更有道德。

*那你還那麼生氣幹什麼？ 58

所以我說，表面柔軟的人，內在往往愈堅硬，道理就在這裡。
如果你深入「骨子裡」去看，你就會發現，
一個「嚴以律己」的人，往往很難「寬以待人」。

*既然你說我壞，我就壞給你看！ 66

根據我的研究，要讓一個人變好有兩個秘訣：
首先，你必須讓他以為自己很好；
第二，就是讓他真的變得很好。

*到底是對，還是錯？ 74

要去做對的事，而不要爭著當對的人。
如果你不去爭著當「對的人」，
又哪來那麼多「是非」呢？

*好人和壞人是同一個人 82

當你跟他（她）翻臉了，愛人就變成敵人；
當你們變相好，壞人又變成好人；
其實好人和壞人是同一個人，就看你在什麼時候遇到他。

# Contents

# Contents

每個人的生命不該只是一張空洞的白紙，
而是填滿五顏六色的畫。
每一個所謂的污點，並不是污染，
反而是增添了這幅畫的豐富與多采。

# 那你是不是更髒

不看不想時，昨天的水是甜的，今天早晨看了想了，才令他作嘔。啊，他喃喃自語地說，思惟會分別，若沒有分別，那一切不都是美好的嗎？

一根甜美的冰淇淋，如果被滴到桌面或衣服上，你會覺得怎麼樣？是不是覺得很髒？那如果有人把它含在嘴裡，之後又吐出來呢？你會覺得很噁心，對嗎？

美味的湯汁滴到襯衫上即變「骯髒」，床笫間的私密用到外頭即成「髒話」。原本含在口中的食物，吐出來就是「噁心」，把它吞下去反而變成「美味」。

十七世紀神學家雷諾（Edward Reynolds）對這個過程的說法一針見血：「當食物還是肉時，我們喜歡它，當食物成了排泄物，我們覺得噁心；當食物進入身體時，我們渴望它，當它通過我們身體排出時，我們鄙視它。」

食物原本是美味的，為什麼一經消化，甚至不必消化，只是碰到口水，就變噁心。這問題你想過嗎？原本前一刻還含在嘴裡的東西，為什麼一旦跑到外頭，你就會覺得髒？

是口水髒？還是消化道髒？如果是口水髒、消化道髒，那請問現在你嘴巴裡面含著什麼，肚子裡面裝著什麼，不就是這些髒東西嗎？那你是不是更髒。

◉

我們身上的每一個器官都有其特殊的功能，比方，我們不會認為肝臟或心臟帶有污穢或罪惡，但是在談到性器官時，人們往往會覺得污穢又罪惡？我們不會覺得肝病和腎臟病人很髒，但是當人們看到麻瘋病、牛皮癬卻覺得既髒又噁心，為什麼？

對，是因為分別心。

在日本的播州，也就是現今的兵庫縣，有座妙心寺，住持是盤珪永琢禪師。有位患有麻瘋病的信徒，想當見習和尚，前去拜見住持，於是盤珪禪師欣然同意為他舉行剃度儀式，接著便是剃髮。此寺常有藩主派來官吏，在盤珪禪師身旁協助處理事物。禪師命人汲水，便開始剃度。

此時藩主派來的叫青木的官史，卻老大不高興地看著這種情景。他覺得麻瘋病人看起來又髒又噁心，況且這種病是否會傳染，也不得而知；而今藩主所寵信的高僧，卻親手去碰觸病人，這怎麼可以呢？

剃度完畢，青木便向禪師提出疑問，盤珪即斷然地回答：「我覺得你的心，遠比那病人的身體要髒得多！」

青木一聽，慚愧得無地自容。

◉

青木犯的就是常人積習已久的「分別心」。他心裏先有了淨、穢的分別，然後喜歡乾淨，厭惡骯髒。所以禪師才會說，他的心，遠比那病人的身體要髒得多。因為他的心被乾淨「汙染」了。

想想，如果這麻瘋是在你的身上，或是你所愛的人身上你會覺得他很髒嗎？如果不會，那為什麼長在別人身上你就覺得髒？

你會覺的自己的口水髒嗎？如果不會，那為什麼別人的口水就很髒？同樣是口水，為什麼燕子的口水（燕窩），許多人不但不覺得髒，而且還可以把它吞下肚？因為分別心，對嗎？

盤珪禪師就完全不同，他的心是純淨的，他沒有淨穢、美醜和你我的分別，沒有了分別又何來的髒或噁心呢？

◉

我想起一則元曉和尚的故事。

話說一天晚上，元曉和尚途經一片沙漠，他停在一小叢綠樹叢中。這裡有幾顆樹和一些水，他就睡在這。他夜裡醒來，覺得口渴。當時四下漆黑一片，他四處摸索著找水。最後他的手碰到地上的一隻杯子，他拿起杯子喝了起來。啊，真是美味啊！然後他深深一鞠躬，感謝上天的賜予。

隔天清晨和尚醒來，看到昨天被他當成杯子的東西，原來那是一只破損的頭顱骨，頭顱裡裝著污穢的雨水，水面上還有小蟲在爬著。和尚看著骷髏頭，突然一陣噁心。他張口要吐未吐之際，心就開悟了。

不看不想時，昨天的水是甜的，今天早晨看了想了，才令他作嘔。啊，他喃喃自語地說，思惟會分別，若沒有分別，那一切不都是美好的嗎？

你也悟到了嗎？

## 骯髒與噁心

原本前一刻還含在嘴裡的東西，為什麼一旦跑到外頭，你就會覺得髒？

你會覺得自己的口水髒嗎？如果不會，那為什麼別人的口水就很髒？因為你有分別心，對嗎？

如果你的心是純淨的，沒有淨穢和你我的分別，又何來的骯髒或噁心呢？

# 你被純淨污染了嗎？

生命不該只是一張空洞的白紙，而是填滿五顏六色的畫。
每一個所謂的污點，並不是污染，
反而是增添了這幅畫的豐富與多采。

有人向智慧大師請教污染的問題，「像雪一樣潔白，如何？」

大師答：「還是污染！」

那人又問：「那什麼才是不污染？」

大師答：「五顏六色！」

正如完美主義一樣，過度的「純淨」也是一種「污染」。

許多人害怕穿純白的衣服，因為擔心會弄髒，又怕沾到污點，這不是被「純淨」污染了嗎？

污土能生長各種農作物，而太清澈的水卻沒有魚，為什麼？因為水被「純淨」給污染了。

◉

有一位教徒一大早就跑到恆河去洗澡，因為根據古老婆羅門教的說法，恆河的水可以使人變純淨。

當他洗完澡在回家的路上，不巧被一個骯髒的乞丐碰觸，他非常生氣，「你是怎麼搞的？我必須再去洗一次澡，你污染了我！」

那乞丐回答他：「這樣的話你的恆河是沒有價值的，因為如果恆河淨化了你，讓你變得很純淨，然後你只是觸碰到我，就整個被污染，那麼，我不是比你的恆河更偉大嗎？」

佛陀說：從來沒有東西是污穢的，也沒有東西是純淨，污穢與純淨都是人去分別的。

那就是為什麼完美主義的人往往活得「很不完美」，因為他們試圖要使每一樣東西都成為完美的。

他們「時時」堅持純淨，因而「處處」都受到污染。

◉

我聽說，有個富翁擁有一座漂亮的大花園，雇用的園丁就有上百人，他非常引以為傲，並多次力邀智慧大師前去鑑賞。

隔了一段時日，富翁又再次盛情邀請，大師終於同意前去。

到了花園一看，果然美輪美奐，且十分完美，花園小徑上甚至沒有半片枯葉子，就連樹上也沒有乾葉子。但此時大師的心情卻變得非常失望，他四處看看，邊看就邊搖頭。

「怎麼回事？有什麼不對嗎？」富翁不安地問。

大師說：「這裡太完美了，所以看起來那麼無趣，那麼的人工化。那些乾葉都到哪裡去了？」

富翁答道：「我要園丁把所有的乾葉子都掃光，使花園盡可能十全十美。」

「少了落葉，就不自然了。」大師沮喪地說：「就好像一座華麗的墓園一樣，那樣的完美是死的。」

再美麗的花園中也會有一些雜草，再偉大作品也會有一點瑕疵，這就是自然，自然就是美。

當你學會接受不完美，那麼，瑕疵和缺憾也變成另一種美，那將是很完美的不完美，但仍是完美的。

一個真正完美的人不應該總是找問題、挑毛病，因為如果你真的很完美，那就應該看事情美好的一面，而不是壞的一面，不是嗎？

德國大文豪歌德說得對：「雪是虛假的純淨。」

生命不該只是一張空洞的白紙，而是填滿五顏六色的畫。每一個所謂的污點，並不是污染，反而是增添了這幅畫的豐富與多采。

就像色彩中的白色一樣。許多人以為白色是沒有色彩。這是不對的，白色涵括了所有色彩，白色是五顏六色合在一起。

沒錯，真正的純淨應該是這樣，是多采，是五顏六色，而非虛假的純白。

## 純淨與汙染

正如完美主義一樣，過度的「潔淨」也是一種「污染」。

許多人害怕穿純白的衣服，因為擔心會弄髒，又怕沾到污點，這不是被「純淨」污染了嗎？

污土能生長各種農作物，而太清澈的水卻沒有魚，為什麼？因為水被「純淨」給污染了。

# 真正的寧靜，是不會被打擾的

你只是聽，聽那噪音，卻不「放在心上」；
你只是看，看那思想，卻不「隨風起舞」。
當所有思想排除乾淨之後，那就是寧靜，

寧靜有兩種：一種是環境的，另一種是心境上的。心境的寧靜又分成兩種：一種是內心的噪音被壓抑住的安靜，而另一種安靜是噪音都消失不見，那樣的安靜，才是真正的寧靜。

如果你很安靜的坐在那裡靜坐，結果有人在那裡說話很大聲，你說：「你們吵到我了，害我靜不下來。」你的寧靜是被別人的聲音擾亂的嗎？不，如果你真的寧靜，就沒有人可以打擾。每個聲音只是幫你了解你的真相。如果你的寧靜會被別人打擾，那只表示你並沒有真正的寧靜。

◉

就在剛剛，有一部車猛按了幾聲喇叭，如果你是一個受到打擾的人，你當然會覺得那些聲音破壞了你的寧靜；然而，如果你根本沒受到打擾呢？那個聲音將會使你更寧靜，聽到那幾聲喇叭聲之後，那個寧靜將顯得比之前更寧靜。

所謂：「蟬噪林愈靜，鳥鳴山更幽。」當背景有噪音的時候，那個寧靜會變得更靜。反之，當背景愈安靜，往往愈容易聽到吵雜聲。

比方，在夜闌人靜的時候，你可以清楚的聽到蟲鳴、貓叫、狗吠，時鐘的滴答聲、樓上的走路聲以及內心紛擾的聲音，這些聲音在白天並不是不存在，而是白天外面太吵了，因而遺忘裡面的聲音。

許多人常覺得在都市裡噪音太多，因而抱怨說靜不心或睡不著覺。於是他們搬到鄉下，之後卻發現還是睡不著，為什麼？因為那裡太靜了，太安靜反而聽到更多的吵雜聲。

◉

你有沒有試過安靜的坐著？只要維持一個靜坐不動的姿勢，你就會知道很多內在的動亂。如果你要讓心安靜下來，這時候，你會聽到更多的聲音，不是嗎？你聽見遠處的、近處的，外面的、裡面的……你會聽見所有的聲音。就好像無法關掉的收音機，你會發現頭腦總是喋喋不休。

有時候，連你都無法相信自己居然會有那麼多的念頭。那些昨天別人說的話，幾天前發生的事情都會突然湧現出來；還有各種關於未來的念頭，頭腦一直在編織將來的欲望和夢想，就這樣，你從一個念頭盪到另一個念頭，從一個欲望盪到另一個欲望……

那就是為什麼你會發覺即使靜坐十分鐘都很困難。曾聽過一則故事，說有一個香客，前往山中修行，遇到一個和尚，就對和尚說：「師父啊！您出家修行那麼久，難道都不會有任何雜念嗎？」

「會啊，有時難免會啊！大概，一個月會有三次吧！」和尚回答。

「一個月只有三次啊！那很不簡單，那已經很不容易了。」

「還好啦，不過，每次大概持續個十天左右啦！」和尚坦誠地回道。

◉

因為有欲望，所以你無法靜下來，即使是坐在椅子上，你還是非常浮躁，你會不斷地變換姿勢，抓抓這裡，摸摸那裡，如果你有很多欲望，你甚至不自主地會抖起腳，你內在的不安會引起整個身體的抖動；即使當你睡著了，你都靜不下來，你會翻來覆去，你會作很多的夢，你有多少未完成的欲望，就會有多少的夢。

夢是來自欲望。當你清醒的時候，你稱它為夢想；而當你沉睡時，就稱它為作夢。其實，不管是夢想或作夢，全都是你的欲望。你為什麼會有那麼多念頭？為什麼會有那麼多想法？為什麼會有那麼多的夢？對，是欲望。

所以，如果你還有任何欲望，你是無法安靜的坐著，那個欲求將會不斷地打擾你，就算你找到最安靜的地方也是沒用。問題不在環境，而在心境，欲求才是真正的噪音，明白嗎？

◉

許多學習靜坐的人，企圖想排除雜念，結果往往適得其反，因為問題不在思想，而是在欲望。要停止思想的努力本身，也是一個欲望，那只會創造出更大的焦慮與衝突。

所以，別試圖成為寧靜，如果你這麼做，或許可以勉強安靜一下，但那沒有任何意義，你的內在仍然沸騰，那樣的靜止就像被罰站在角落的小孩，不是優雅舒適的寧靜，而是一種折磨。

當你靜心時，就是連安靜都不該去想，記住，不要去抗拒任何噪音和干擾，讓你自己成為旁觀者，就只是靜靜地坐在那裡「靜觀其變」。你只是聽，聽那噪音，卻不「放在心上」；你只是看，看那思想，卻不「隨風起舞」。沒有專注在某件事物上，相反的，放空頭腦裡面所有東西。當所有思想排除乾淨之後，那就是寧靜，寧靜是「清心寡欲」。

真正的寧靜，是不會被噪音打擾的。

## 噪音與寧靜

你坐在海邊看著海浪，你覺得這海是寧靜的，還是紛擾的？

你坐在湖邊聽著鳥叫，你覺得這鳥是寧靜的，還是吵雜的？

每個聲音只是幫你了解你的真相。

會被打擾的安寧就不叫安寧，會被干擾的平靜就不是真的平靜。

如果你的寧靜會被噪音打擾，那只表示你並沒有真正的寧靜。

# 你的心裡還滿是歌妓

並不是魔鬼跑來誘惑你，
而是你壓抑和排斥的東西，在誘惑你。
你的心魔其實就是這些。

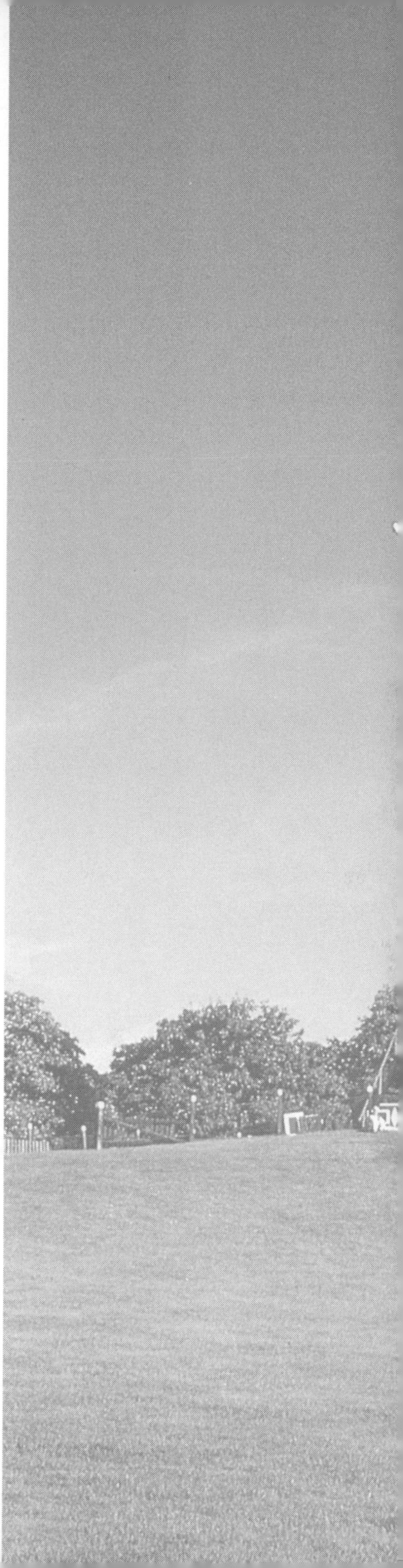

排斥就是吸引，你越排斥什麼，往往就越會被它所吸引。

舉例來說，你在靜坐，然後突然從很遠的地方傳來狗吠聲。這狗吠原本無傷大雅，但是如果你非常在意。「牠為什麼叫個不停？」你心想：「牠的主人為什麼不把牠關起來？」當你越去想，狗吠的聲音就變得越響；就好像那狗吠聲是對你叫喚一樣，讓你著魔，你越排斥，它就越吸引你。

再比方，如果你很排斥抽煙，那當你聞到煙味或看到有人抽煙，你會怎麼樣？你會不高興，「到底誰在抽煙？」你會想：「那個人到底什麼時候才會把煙熄掉？他什麼時候才會離開這裡？」這時，你不就被抽煙給吸引了嗎？

是的，排斥會創造出吸引。反過來，我們也可以說，吸引會創造出排斥，你越被吸引，你就越排斥。

◉

程顥、程頤兄弟，是北宋時期著名的理學家。有一天，他倆應邀參加一個朋友家的宴會。席間，幾個花枝招展的歌妓彈彈唱唱，正在給客人勸酒。程頤看不慣，拂袖而去。程顥卻若無其事，盡歡而散。

第二天，程頤跑到程顥書房裡，還餘怒未息，有責備兄長之意。程顥看弟弟一臉不高興的樣子，呵呵大笑說：「你還掛記著那件事嗎？昨天酒宴上有歌妓，我心中卻沒有歌妓；今天我書房裡沒有歌妓，可是你的心裡還滿是歌妓。」

程頤為什麼那麼排斥？沒錯，因為他被歌妓吸引了。唯有當你被某個東西吸引，你才會排斥、才會逃離。這幾乎是個法則，不管你想逃離哪裡，那裡就是吸引你的東西，如果你逃離女人，女人就是吸引你的東西；如果你逃離金錢，金錢就是吸引你的東西。

試想，如果你沒有誘惑，你又何必逃離呢？你跑的越快，表示那個東西對你的吸引和誘惑越大。難道不是嗎？

誘惑並不是來自外在，它是被壓抑的欲望，那些受到你壓抑的憤怒、性、貪婪……七情六欲，即是你的心魔，在裡面蠢蠢欲動。

比方，如果你壓抑憤怒，排斥憤怒，那憤怒就成了你的心魔，時時誘惑著你。一般人偶爾會發脾氣，那憤怒是一閃而過，然後雨過天青，但是如果你太過壓抑，你的憤怒將沒完沒了，你將一直都處在憤怒的狀況。所以你可以發現，一個越壓抑情緒的人，反而越容易「情緒失控」。

社會鼓勵我們要「說好話」、「當好人」、「做好事」，那是「好的」，但那些「不好的」部分跑到哪裡去了？不好部分就成了我們的「心魔」。你去看看那些「知書達禮」的人，他們其實比一般人容易被激怒，他們的聖人風範只是一層皮而已，在他們的內在攜帶著太多的惡魔，引誘著他，只要稍微捉弄一下，只要一下，潘朵拉的盒子就整個打開。

你越排斥什麼，就越容易被吸引。一個越排斥憤怒的人，就越容易生氣，任何惹人生氣的人事物就越吸引你；一個越排斥性的人，往往越會想到性，到頭來你反而被性所吸引；你越排斥罪惡，你就越有「罪惡感」，你就越會注意自己與別人的罪惡。那就是為什麼有些人會脫離社會，跑到深山或修道院去，他們排斥世俗的種種，同時又深陷其中，那該怎麼辦呢？只好逃離，情況就是這樣。

◉

有人想逃避婚姻、逃避家庭，所以選擇逃離他們，他不想再去想這些人事物，但是有用嗎？當然沒用，我說過了，排斥就是吸引，那些想逃離某些東西的人仍然會想著那些東西，他不可能不想，因為如果他不會想，他也不需要逃離，對嗎？如果他不會去想，他甚至在跟那些東西在一起的時候也不會去想。

你難道沒有發現嗎？你不會去想在你面前的東西，你會去想那些不在的。如果你所愛的人離你很近，你就會忘掉他們，當他們離的很遠，你就開始想他們。他們離的越遠，你就會想得越厲害。

所以逃離是沒用的，不管你逃離什麼，因為不管你逃到哪裡，你還是無法逃避

「你自己」，不是嗎？

誘惑跟外在的人事物無關，並不是魔鬼跑來誘惑你，而是你壓抑和排斥的東西在誘惑你。心魔其實就是這些，任何我們不喜歡的，任何我們拒絕、排斥的，任何我們試著遠離或擺脫的，任何我們內心的「黑暗面」，都是我們內心的魔，它們都將不斷地糾纏、煩擾我們。

除非你不再逃離，不再排斥，那麼他們對你也就不再有誘惑和吸引。了解了嗎？

## 排斥與吸引

你越排斥什麼，就越容易被吸引。

你越排斥憤怒，你就越常生氣，任何惹人生氣的人事物就越吸引你；你越排斥性，往往越會想到性，到頭來你反而被性所吸引；你越排斥罪惡，你就越有罪惡感，你就越會注意自己與別人的罪惡。

除非你不再排斥，那麼他們對你也就不再吸引。

# 千萬不要想到猴子

你越想忘記，你就越會記得；
試想，當你不斷提醒自己：不要「去想」，
你不就已經「在想」了，不是嗎？

忘記就是記得，你會記得你忘記的事。

你試過一件事嗎？你有辦法忘記你仇人的名字嗎？試試看，你將會發現，你越用力要忘記，你愈是會記得清楚，因為，要忘記一次之前，你必須先記住一次。然後你就更難忘記。是的，如果你想忘記什麼，你就會記得。

比方，你曾經跟某人有過一段很不愉快的經歷，每當想起都讓你悶悶不樂。於是你告訴自己：「我不要再去想了！我要把他忘記！」然後你就忘了嗎？不，當你不斷告訴自己「別再想某人或某事」，那念頭和影像不但不會消失，反而會增長。

◉

維吉尼亞大學丹尼爾・魏格納（Daniel wegner）曾針對這種現象做過許多研究。在一項研究中，魏教授要大學生想像一隻白熊，然後又告訴學生試著別想那隻白熊。實驗中如果每想到白熊，就按一次鈴。結果呢？學生們越試著不想白熊，現場的鈴聲就越大。情況就是這樣，那些你強迫自己「忘記」的事反而會「記得」更清楚。這也就是為什麼當你勸別人說：「別再去想那個人」、「忘記那些不愉快的事」結果往往適得其反，他們反而「念念不忘」。

你可以拿自己做實驗。從現在開始不要去想檸檬，怎麼樣？你的心裡是否浮現檸檬的圖樣或味道。如果你告訴自己：「別去想檸檬，別想檸檬汁酸氣撲鼻的味道，別想那刺激的酸味。」你會不會更想著檸檬，甚至想到流口水？答案幾乎是肯定的。

◉

我想起一則「煉金術」的故事，大概是這樣：在一個小村莊裡，有一天來了一個煉金師，他在村落的一角架上了爐灶，上面擺了個燒得烏黑的鐵盆，許多民眾都圍在旁邊，好奇地想要看看他到底能煉出什麼玩意兒。只見這位煉金師拿了一根木棒，閉著眼在盆子裡不斷地攪動，不久盆子裡竟然出現金子來。所有村民驚訝不已，他們決定籌一筆錢，並推派村長出面跟煉金師交涉，希望他能教導村民煉金的技術。

煉金師很爽快地就答應了村民的要求，留下了盆子和木棒給村長，他說：「只要拿著這根木棒在盆子裡不斷攪動，就能煉出金子來。但是，唯一要注意的是，記住！在煉金的時候絕對不能想到猴子。」煉金師離去後，村長立刻拿起木棒，專心的在盆子裡攪動，然而令他感到沮喪的是，他愈刻意不去想猴子，猴子愈是在他的腦子裡爬來爬去，最後只好失望的放棄。換一個人上場，村長同樣提醒他：「千萬不要想到猴子。」第二個人努力了半天，仍舊失敗了，接著第三個、第四個，最後全村的村民都試過了，就是沒有一個人能煉出金子來，因為所有的人都無法趕走那隻「內心的猴子」。

◉

試想，當你不斷提醒自己：不要「去想」，你不就已經「在想」了，不是嗎？

你越想忘記，你就越會記得；你越不想去想，你就會越想。那就是為什麼那些我們最討厭、最不願意去想的人——如仇人、敵人、分手的情人或欺騙你、傷害你的人，卻反而愈常出現在腦中。

除非，你已經不在乎，你不再努力去忘記，直到那時，你也漸漸的不再記得。

## 忘記與記得

忘記就是記得，你會記得你忘記的事。

你出了門之後發現你忘記鎖上門，你是忘了嗎？

不，你其實是記得，如果你沒有「記得」，你又怎麼發現自己「忘記」呢？

你試過一件事嗎？你有辦法忘記你仇人的名字嗎？

試試看，你將會發現，你越用力要忘記，你愈是會記得清楚，因為，要忘記一次之前，你必須先記住一次。然後你就更難忘記。

如果你想忘記什麼，你就會記得。

sestante
sestante
sestante
CAMBIO
EXCHANGE
CHANGE
WECHSEL
VIAGGI
CROCIERE
SAVINI

# 「罪人」來自「聖人」

譴責別人沒有美德，並不能讓你擁有美德；
罵別人沒教養，也不會讓你變得有教養；
批評別人不道德，更不能讓你變得更有道德。

# 52 心寬，寬心

那些試圖要成為完美的人，將會注意到瑕疵；那些試圖要安靜的人，將會聽到吵雜；那些試圖去成為聖人的人，將發現罪惡。

這是真的，當你想成為什麼，那相反的東西就會出現。當一個人越有「道德」，就越容易注意到別人的「不道德」。頂著道德的光環，他可以非常輕易地指出錯誤，「你應該這樣，你不應那樣！」因為他非常要求自己，他也會用同一個標準要求別人。

所以你隨便都可以聽到那些所謂的「聖人」在譴責，他會用批評眼光看著你，然後告訴你這是錯的，那是不對的，他滿腦子都是「好的」、「神聖的」，因而總是發現別人的不好和罪惡。

◉

有一則發人深省的故事，大意是這樣。在一個夏天的清晨，有一個默罕默德的跟隨者跟他到一個回教寺院一起作晨間祈禱，這是這個人第一次參加祈禱會。當他們作完祈禱回家的途中，那個追隨者看到還有很多人還在屋子裡睡覺，於是很得意地告訴默罕默德：「這些罪人將會怎麼樣？他們沒有去作晨間祈禱。」

默罕默德聽了他的話，告訴他：「你先回去，我想再回到寺院去。」

那個人問：「為什麼？」

他回答說：「我想回去再做祈禱，至於你，你還是先回去吧！你最好回去睡覺，就跟你沒來之前一樣，這樣的話，至少別人不會成為罪人。顯然，你的祈禱只讓你學會譴責別人。」

他說得對，「罪人」就是這樣被「聖人」創造出來的。

一個不道德的人就算可以變成有道德的，變成修道者，他們骨子裡仍然是罪惡的，雖然用神聖的外衣包裹著，但他們仍是掩蓋不住對罪惡的興趣，他們會一再地譴責別人。

◉

你注意到沒有，一個平常的人，他們沒有那麼聖潔高尚，沒有那麼多的道德誡律，所以對別人也就沒有那麼多的批評責難。

就這一點，我想提醒大家，不管你是老師、牧師，是信徒或教徒，是有修行或無修道的人，都請記住，永遠不要去批判別人。如果你不愛那個人，那你有什麼資格要求他；而如果你是愛的，那你就更不該去批判，因為唯有當你不去批判，你才能夠愛。愛是接受，愛是包容，一個能接受罪惡，包容罪人的人，那才是真愛。

老子有一位大弟子叫列子，他有很多門徒，其中有一位門徒早已惡名昭彰，一再地犯錯，但他總是被師父原諒。

後來，他又因偷竊被捕，眾多門徒都到列子那裡忿忿不平地說：「他敗壞門風，有辱您的形象，為什麼您總是一再原諒，不將他逐出師門呢？」

列子說：「各位，你們都是好人，有道德、有神聖的品格，不管你們到哪裡去，都會被別人接受，即使沒有我，你們也能走向正道。但是這位老兄他能去哪裡？有誰會接受他呢？如果連我都拒絕他，還有誰會願意接受他？」

門徒還是很憂慮，「但他似乎已經無藥可救？」

「我知道，」大師說：「我的存在就是為了這個。」

◉

你是為何存在的？這是非常值得深思的好問題。

當你的孩子、伴侶、朋友、學生做對的時候，任何人都會接受他們，但當他們做錯，不被接受的時候，你是怎麼做的？你是否肯接納他們？如果你不能接受，又何必有你的存在。

是人都會犯錯，犯錯是完全合乎人性的。如果你夠了解人性，你夠成熟，你就會去包容，你就會了解說你也曾經是無知的，你也曾經是愚蠢的，你也曾經一再犯錯。而那時你是多麼希望有人支持你、關心你，引導你，對嗎？

譴責本身就不是對的，你曾因譴責別人不好而後自己變得更好嗎？

譴責別人沒有美德，並不能讓你擁有美德；罵別人沒教養，也不會讓你變得有教養；批評別人不道德，更不能讓你變得更有道德。

每一個人既非罪人也非聖人，只是有些人還在迷失，有些人已經醒悟；有些人走錯了路，有些人找到了路，就這樣而已。如果你找到了路，請打開路燈，照亮別人，千萬別去打擊那些已然迷路的人。

## 聖人與罪人

隨便你都可以聽到那些所謂的「聖人」在譴責，他會用批評眼光看著你，然後告訴你這是錯的，那是不對的，他滿腦子都是「好的」、「神聖的」，因而總是發現別人的不好和罪惡。

「罪人」就是這樣被「聖人」創造出來的。

# 那你還那麼生氣幹什麼？

所以我說，表面柔軟的人，內在往往愈堅硬，
道理就在這裡。
如果你深入「骨子裡」去看，你就會發現，
一個「嚴以律己」的人，往往很難「寬以待人」。

不論你在什麼地方看到某種非常柔軟的生物，你總是會發現它被某種堅硬的東西所覆蓋，舉凡蝸牛、貝殼、蝦蟹……內在柔軟的東西都有堅硬的殼，這是自然的現象。

但人卻相反：外在柔軟的人，內在往往愈堅硬，這是很弔詭的。內在柔軟必須被堅硬所覆蓋，這樣才可以保護，但是我所看到的正好顛倒，許多人卻是外柔內剛，這是違反自然的。

為什麼會這樣呢？因為那個柔軟是假的，他們內在其實是堅硬的，為了保護那個虛假，他們必須表現得更加柔軟，以掩飾事實的真相。

◉

所謂的偽善就是這樣，外表很客氣，身段非常柔軟，但事實上卻道貌岸然，許多的紳士淑女就是這樣，許多有教養的人就是這樣，他們只是表面而已。

有一個紳士在商店裡被一群搶購東西的女人擠得東搖西擺，無意中自己的腳踩到了一個女人的腳。那女人大吼：「你怎麼不能表現的像一個紳士？」

這位先生氣憤地說：「我在之前一直表現得像一個紳士，從現在起，我要表現得像一個女士。」

很顯然這位紳士是「裝出來的」。

是的，如果你從表面來看，有些人看起來很謙恭有禮，很和藹可親，但那只是「表面上」，如果你深入跟他們相處，你會嚇一跳，你甚至無法跟那個人整天待在一起，這是真的，因為你很快就會發現事實的真相。

每一種善良都必然會創造出偽善，每一種道德都必然創造出罪惡，那是不可避免的。因為道德是理想，當人們無法達到理想，就會覺得罪惡；然而罪惡並不能帶來良善，於是他就試著去偽裝，不單是偽裝，他還會去譴責，譴責別人的過錯，如此他就覺得自己很好；只要不斷地譴責罪惡，就沒有人能懷疑他的良善，真相就是這樣。

有一則很有趣的故事：

一個富翁有一次請兩個饑腸轆轆的學者喝茶。他們坐下之後，開始辯論起來。正當他們爭論不休的時候，女主人把茶端了進來，接著她又拿來一個盤子，上面放有兩塊餅乾，其中一塊比另一塊大一些。

學者們都知書達禮，於是都不願第一個去拿。

其中一個很有風度地說：「楊教授，您先請！」

「不不！林教授，您先來！」楊教授也彬彬有禮地說。

最後，推拖了好久，楊教授突然伸手拿了一塊餅乾—是較大的那一塊。

林教授當場傻眼了。

「這是怎麼回事？楊教授。」他不以為然地責備：「像你這樣的學者竟然完全不懂禮貌。怎麼能自己先拿大塊餅乾，而把小塊的留給別人？」

「那，要是換了你，你會怎麼做？」楊教授問道。

「你這話什麼意思？作為一個有教養的人，我當然會挑小的那塊。」

「對呀，你拿到的就是小的那塊呀，」楊教授高興地說：「那你還那麼生氣幹什麼？」

他當然生氣，因為事實正好相反，他要的其實是大的那塊。

◉

如果一個人是虛偽的、是壓抑的，即使這種小事也會變成一個問題。因為他過著一種雙重的生活，表面上跟別人是「相敬如賓」，實際上卻「相競如兵」；表面上說這樣，實際的想法和作法卻不是這樣；「人格分裂」的結果就「發神經」，那是必然的。

這種情形也經常發生在你我身上。每當你對你的太太、你的先生或你的朋友發脾氣，你是否曾經想過，事實上那只是一件很小的事，就好像拿到比較小的餅乾一樣，但你會把小事變成大事。因為你已經積壓了太多太多的小事，你不想再偽裝下去，然後整個情緒就這麼爆發出來，對嗎？

所以我說，表面柔軟的人，內在往往愈堅硬，道理就在這裡。不要只看表面，只看那層皮，如果你深入「骨子裡」去看，你就會發現，一個「嚴以律己」的人，往往很難「寬以待人」。

## 柔軟與堅硬

外表很客氣，身段非常柔軟的人，內在往往愈堅硬。

因為那個柔軟是假的，他們內在其實是堅硬的，為了保護那個虛假，他們必須表現得更加柔軟，以掩飾事實的真相。

所謂的偽善就是這樣，許多的紳士淑女就是這樣，許多有教養的人就是這樣，他們只是表面而已。

外在的柔軟只是為了隱藏內在的堅硬。

# 既然你說我壞，我就壞給你看！

根據我的研究，要讓一個人變好有兩個秘訣：
首先，你必須讓他以為自己很好；
第二，就是讓他真的變得很好。

犯了錯應該責罰似乎是天經地義的事，因為從小你的老師、教官、父母和長輩都是這麼說的。

他們說，「責罰才能導正錯誤，這都是為了你好。」所以，當別人犯了錯，很自然的，你就會去責罰。

然而，責罰真的能讓一個人變好嗎？不，情況正好相反，那樣做只會讓人變得更糟，這是我的觀察。

即使有人在責罰之後變好了，但那也是因為「他自己」想要變好，而非來自責罰。

◉

責罰是沒有用的，如果有用的話，那些喜歡發牢騷、碎碎唸的人不早就可以高枕無憂了？就像我們也常看到一些人經常嘀咕先生、太太或處罰孩子，結果有用嗎？

一點都沒用，對嗎？

有一位朋友的孩子就是這樣，他太太向我訴苦說，孩子不讀書，整天遊手好閒，不聽管教，不管他們夫妻怎麼責罵，怎麼懲罰都沒有用。

她非常憂心地問：「我該怎麼辦？」

我告訴她說：「你用罵的，當然沒用。沒有人會在不斷被傳達壞的訊息之後變得更好。」

你有見過有人被罵沒用而變得更有用嗎？你有聽過說有人被說得一文不值反而變得更有價值嗎？那情況是少之又少的，你越責罰別人，別人就只會表現越差，這是一定的。

「既然你說我很壞，我就壞給你看！」責罰不但否定了他的好，反而激發出他最壞的一面。

想一想，當你一直灌輸某人他很壞的想法，他又怎麼可能變好呢？你不斷在河裡倒垃圾，卻期望河水會清澈，可能嗎？

當你以負面的態度對人，對方就會回以負面的行為；當我們不把人當人看，人們就會做出一些野獸般的行為。責罰不但無法改善問題，它還是許多問題的根源。

長久以來，人們一直在懲罰罪犯，但犯罪有減少嗎？法條定的愈多，犯罪就愈多；警察一直在增加，罪犯也在增加；監獄越蓋越大，犯人也越來越多，這問題出在哪裡？問題就出在，罪犯並沒有因為懲罰而被制止，結果還更糟，到頭來人們反而懲罰自己，必須加高圍牆、裝上鐵窗、防盜器、五道鎖……然後再把自己關在裡面。想想，現在誰看起來比較像犯人？

被懲罰的罪犯有學到什麼嗎？

他們從懲罰中所學到的唯一事情就是「下次不要再被抓到」，這就是懲罰的成果。

所以，每當一個罪犯出獄，他就變成比以前「更傑出」的罪犯。

當我們抓到別人的錯誤而加以懲罰，那情況也好不到哪裡。沒錯，「下次」他們會更小心不再被抓到，就這樣。

◉

皮球愈彈只會跳得愈高，你愈去懲罰人們往往愈反其道而行。

那該怎麼辦？難不成還要稱讚他？

對！要反過來用稱讚的。

根據我的研究，要讓一個人變好有兩個秘訣：首先，你必須讓他以為自己很好；第二，就是讓他真的變得很好。

哥德曾如是說：「當我們依據一個人現階段的表現來看待他時，我們使他變得比實際情況更糟。但當我們把他當成有潛力變成的人物看待時，他將成為我們所期待的樣子。」

我非常認同他的看法。人們會依照你鼓勵的方向去做，而不是你指責的方向去做。有鼓勵就有你想要的行為出現，所以如果你真的希望某人改變，別忘了，要多鼓勵，少責罰。

## 犯錯與責罰

你有見過有人被罵沒用而變得更有用嗎？

你有聽過說有人被說得一文不值反而變得更有價值嗎？

那情況是少之又少的，你越責罰別人，別人就只會表現越差，這是一定的。

你不斷在河裡倒垃圾，卻期望河水會清澈，可能嗎？

# 到底是對，還是錯？

要去做對的事，而不要爭著當對的人。
如果你不去爭著當「對的人」，
又哪來那麼多「是非」呢？

對錯與是非只是個人認知的問題，什麼是對或是錯，並沒有絕對的標準。同一件事、同一個問題，因為每個人立場、角度、見解不同，所得的結果也就不同。

例如，兩人同時聽一位朋友敘述婆媳相處的問題，一個因為跟婆婆相處融洽，所以建議這位朋友要「以和為貴」這樣才對；另一個因為與婆婆關係交惡，所以認為這樣婆婆只會得寸進尺，她應該「以牙還牙」才對。

到底誰對誰錯、誰是誰非並沒有絕對的標準，認知不同，結果就不同。

就像法官在判案一樣，例如：太太告先生毆打（傷害罪），先生辯稱沒有。這種情況下，法官可以認定先生有罪。理由是：太太又未跟任何人結怨，現在她身上有傷，不是先生打的，那是誰打的。

反之，他也可以認定先生無罪。理由是：太太的傷也可能是別人打的，因沒有直接證據能證明是先生打的。這就是所謂的裁量權，怪不得人們常說，清官難斷家務事。

有一則故事說，有位智者有兩個徒弟。一次，他們看到屋裏飛進一隻蜜蜂，蜜蜂努力地朝窗外飛，卻被窗上厚厚的玻璃擋住了，一次次徒勞地摔下來。

徒弟甲說：「這隻蜜蜂真是愚蠢呀，既然知道行不通，為什麼還要白努力呢？」他從中得到領悟：世上有些事，不能強求，該放手時就放手。

徒弟乙說：「這隻蜜蜂真是勇敢，即使一再失敗也不放棄。」他從中得到領悟：做人就應該像蜜蜂那樣，百折不撓，鍥而不捨。

於是，兩人爭執起來，誰也不服誰。

最後他們只好去找智者來評理：「我們的觀點，究竟誰才是正確的呢？」

智者說：「嗯！你們說的都沒錯。」

坐在一旁的徒弟人不解地問：「兩個人的觀點完全不同，你卻說他們都沒錯，怎麼可能兩人都是對的呢？」

智者笑著說：「嗯！你說的沒錯。」

答案也許只有一個，但人的想法卻有千百種，紛爭也就永遠都擺不平。結果，公說公有理，婆說婆有理，總而言之，「嗯！誰說的都對啦！」

◉

那對錯就沒有標準了嗎？是的，對錯沒有絕對的標準。

舉例來說，有一個路人向你求乞，說他遺失了錢包，所以你就給了他錢，這樣做應該沒錯吧！然而就因為有你這種善心的人，反而讓他「食髓知味」，開始到處行騙。你的「善行」，到底是對，還是錯？

愛因斯坦原本想做好事，他寫了一封信給美國總統羅斯福：「我們已經發現原子能的來源，並且可以製造原子彈，只要原子彈完成，美國將變得非常強大，只要對敵人威嚇就夠了，根本不必打仗。」

他的想法有錯嗎？他的想法並沒有錯，但這件事卻讓愛因斯坦悔恨終身，因為原子彈讓廣島和長崎的人死傷慘重，他認為自己錯了。但也正因為「他的錯」結束了世界大戰。你說，他是做對了，還是做錯？

◉

對錯並非絕對，對錯的標準是相對的。什麼是對，什麼是錯？任何行為的結果會帶來快樂和諧即是對的，反其道而行即是錯的，這就是我對「對錯」的定義。

比方，你跟朋友爭吵，結果你爭贏了，然後你覺得快樂嗎？如果你覺得不快樂，那即使你是「對的人」，即使你再有理，但你破壞了快樂和諧，所以你還是錯的。

說得更明白一點，你做了某件事之後，如果你很快樂，那你一定是做了對的事；反之，如果你覺得不高興，那你一定是做了什麼錯誤的事。讓這成為一個準則。

◉

據說孔子周遊列國的時候，有一天看到兩個獵人在比手畫腳，好像為了一件事而爭論得面紅耳斥，口沫橫飛。

孔子問他們在爭什麼，原來是為了一道算術題。一個說三八等於二十四，另一個堅持說三八等於二十三，各持己見，爭論不休，以至於幾乎動起手來。最後，二人打賭請一個智者作裁定，如果誰的答案正確，對方就將一天的獵物給勝者。這時，孔子來了。

他們就請孔子來裁定。孔子竟然叫認為三八等於二十四的人將獵物交給說三八等於二十三的獵人。這個人拿著獵物走了之後。

另一個人忿忿不平地說：「三八二十四，這是連小孩都知道的，虧你還是個讀書人，怎麼會連這麼簡單的道理都不懂？」

孔子笑道：「你說的沒錯，三八等於二十四這是很簡單的道理，但是如果有人連這麼簡單的道理都不懂，你須要跟他爭辨嗎？」獵人似有所悟，孔子拍拍他的肩膀，說道：「那個人雖然得到了獵物，但他卻得到一生的糊塗，你是失去了獵物，但得到了深刻的教訓！」他聽了孔子的話，點了點頭。

這就是我的意思，要去做對的事，而不要爭著當對的人。如果你不去爭著當「對的人」，又哪來那麼多「是非」呢？

## 對錯與是非

什麼是對，什麼是錯？

任何行為的結果會帶來快樂和諧即是對的，反其道而行即是錯的，這就是我對「對錯」的定義。

你做了某件事之後，如果你很快樂，那你一定是做了對的事；反之，如果你覺得不高興，那你一定是做了什麼錯誤的事。

# 好人和壞人是同一個人

當你跟他（她）翻臉了，愛人就變成敵人；
當你們變相好，壞人又變成好人；
其實好人和壞人是同一個人，就看你在什麼時候遇到他。

人們判斷是非好壞，基本上都是以自己的觀點來看，你喜歡的人，你就說他好，你不喜歡的人，就說他壞，但事實真是這樣嗎？當然不是，好壞就跟對錯一樣，是相對而不是絕對的。

你說，這個人是好人。為什麼你會認為他是好人？是不是因為他對你好，或者他做了某些你認同的好事，對嗎？

然而做了好事就一定是好人嗎？那可不一定了。比方，某個人對工作很盡職，不管老闆或同事有什麼要求，都有求必應，即便是加班，甚至犧牲假期，都在所不辭。他做了那麼多好事，當然，在別人眼中一定是個大好人。

但是，他所做的，對親人而言，卻未必是好事。因為每個人的時間和能力都是一定的，當他把所有時間精力都拿來做這件事，就不可能做好那件事；把公司的每人都照顧好，那他對家人必然很難照顧周全。所以他充其量，也只能算是個「爛好人」，不是嗎？

是的，好人是看人叫的。一個好好先生，不一定就是個好先生，不信你去問他的太太；一個外人認為的大好人，不一定真的有那麼好，不信你去問他的家人，這是真的，好人通常只是討好別人，對自己家人，那就再說了。

你「最好」的朋友，可能是最差勁的丈夫、妻子；你認為「最壞」的人，也可能是別人最喜歡、或某些人眼中最好的朋友。

想一想一個你的好友吧！你需要想很多原因來解釋你為什麼喜歡他嗎？當然不必，因為你認為他很好，這就夠了；現在，再想想一個你不喜歡的人，如果你夠誠實的話，你應該可以列舉這個人一些優點。如果不能，我敢說另一個人一定可以；重點就在這裡，既然這個人也有優點，你為什麼不喜歡他呢？

人們非常自我，對自己有益或你認同的，你就說他好；對自己不利或你不認同的，你就說他壞。貓吃老鼠，如果你很討厭老鼠，那隻貓就是「好貓」；然而如果那隻貓吃的是你的寵物鼠，那牠就變成「壞貓」。

如果你去問一個農夫，什麼是好鳥，他一定會告訴那個會吃蟲的是好鳥，因為那隻鳥對他有利，而那會吃水果的鳥也就成了壞鳥。

現在，如果你把相同的問題問一個出家人，他的認知可能就完全不同，他很可能會告訴你，那隻吃水果的，也就是吃素的那隻是好鳥，而另一隻吃蟲的，也就是殺生那隻鳥是壞鳥。

記得小時候到外婆家的田裡，舅舅總會陪我們到處找鳥巢，從我們的角度來看，舅舅當然是個好人，因為他很疼我們，會抓小鳥給我們玩，但換成小鳥的觀點，整個情況就完全不同，在我們心目中的好人，反而成了鳥兒心目中的壞人。

西方有句諺語：「耶路撒冷的壞人，在芝加哥反而是好人。」（A bad man in Zion City is a good man in Chicago.）

在這邊我們把恐怖份子看成是暴徒，然而在另一邊有人卻把他們當成是英雄；在這裡我們把哈珊、賓拉登看成是罪人，然而在有些地方卻把他們當成偉人。今天我們把希特勒看成是暴君，然而在他的時代，卻有無數的人支持他、尊崇他。

所以你看，事情根本沒有絕對，好和壞並非固定的，而是看情況而定。

大哲學家尼采曾說過：「沒有真正的事實，只有詮釋。」某些行為在這個國家來說是對的，對另一個國家來說卻是不對；某件事對你來說是件好事，但對別人來說也許卻是壞事；那都是你自己的解釋，好壞並沒有絕對的標準。

今天我們推崇諾貝爾獎，視它為無上榮耀，它頒給那些有偉大的文學創作與科學發明，以及那些對世界和平有卓著貢獻的人，然而諾貝爾獎的創辦人卻是在第一次世界大戰期間創造各種武器販賣而發財的人。一個和平獎，竟是由一個靠戰爭賺錢的人給予，請問這是對、還是錯？請問諾貝爾是好人，還是壞人？

如果希特勒的母親在他還小的時候就殺了他，她可以拯救上千萬的人，這應該算做好事吧！然而如果希特勒的母親真的在他還小的時候就殺了他，請問那時有誰會認為她做好事？誰會認為她是好人？

◉

某些事情或許這一刻是不對的，在下一刻卻變對了，有些事情或許今天是好的，到明天就變得不好的。隨著時間在轉變，對錯在改變，好壞也在改變；一切都在改變。

當你跟他（她）翻臉了，愛人就變成敵人；當你們變相好，壞人又變成好人；其實好人和壞人是同一個人，就看你在什麼時候遇到他。

## 好 人 與 壞 人

好人是看人叫的。一個好好先生，不一定就是個好先生，不信你去問他的太太；一個外人認為的大好人，不一定真的有那麼好，不信你去問他的家人，這是真的。

你「最好」的朋友，可能是最差勁的丈夫、妻子；你認為「最壞」的人，也可能是別人最喜歡、或某些人眼中最好的朋友。

# 對這個好，對那個就不好

如果有隻登革熱的蚊子叮你，你也不殺生嗎？
如果被病菌感染，你也不吃藥嗎？
如果水不乾淨，你也不煮沸嗎？
若是這樣，那你等於是殺了自己，結果還是殺生。

在《坎伯生活美學》，作者曾提到一個和尚的故事。

在西藏，人們會去屠宰場買一隻即將被宰殺的羊，然後將羊放生。而接下來，是輪到這位和尚，他將由一堆美女圍繞著，放生五百條魚，以完成這個「虛偽」的儀式。

於是，那和尚試著到蒙特利（Monterey）一家又一家的魚餌店去買五百條小魚。但那時魚餌正好缺貨，許多店主都不讓他買小魚去放生。

最後，他終於找到一家店肯賣給他，他和隨從人員便提著裝滿小魚的桶子去到海邊放生，並在那兒為即將獲得自由的小魚舉辦一場祝福的儀式。然後他們一桶又一桶的把魚倒入大海中。

結果，鵜鶘由四處各角落蜂湧過來，那位和尚前後跑個不停，舞動他的僧袍，想把那些鵜鶘趕走。

他這麼做，我們當然可以理解，他是怕鵜鶘把魚給吃了，然而對鵜鶘是好的事，對於魚就不好，而這位和尚已經先有立場。當放生魚是他想做的「好事」，那鵜鶘就變成「壞鳥」。

◉

到賞鳥的地方去，欣賞之餘，也常聽到人們抱怨惱人的昆蟲，像蒼蠅、毛蟲、蚊子等，大家都說，要是它們都消失就好。

卻沒想到這些昆蟲對鳥類來說，是牠們的食物來源之一。沒有了昆蟲對我們是好事，但是對鳥就不好了。

又如家裡的螞蟻、蟑螂、老鼠，大家都覺得嫌惡，總是欲除之而後快，卻忘了，牠們也是整個生態平衡的一環。

為了殺蟲，我們使用農藥，結果把河裡的魚蝦也殺死。由於殺蟲劑的大量使用，現今很多農場、果樹和森林裡的昆蟲已不怕了。更麻煩的是，殺蟲劑消滅了大量的寄生蟲，更使得毛毛蟲沒有剋星，只好任由毛毛蟲橫行。殺蟲的結果，反而製造出更多的蟲。

或許有人會問，不消滅牠們，如果牠們繁殖起來那還得了。然而事實並非如此，大自然生態自有微妙的平衡律，你到無人居住的荒山野嶺去看看就知道，那邊沒有人殺蟲，蟲也沒有因此變多。

◉

不殺生當然是好的，但不殺生並不是絕對，我贊成除了維護生命安全和健康之外，盡量不殺生。

想一想，如果有隻登革熱的蚊子叮你，你也不殺生嗎？如果被病菌感染，你也不吃藥嗎？如果水不乾淨，你也不煮沸嗎？若是這樣，那你等於是殺了自己，結果還是殺生。

有的人說，那些細菌病毒都是比較小、比較低等的生物，比較沒關係。這是誰說的？你聽過殺比較小或比較低位的人，罪就比較輕嗎？這就犯了佛說的「分別心」。即使是吃素，吃素也是在殺生，因為水和蔬果上也會有生物以及微生物，甚至就連植物本身也有生命，那是沒有分別的。

素食若是來自慈悲心，那樣很好，但素食跟宗教無關。如果吃素就能成佛，那牛、羊、馬不早就成佛了嗎？

希特勒是一個嚴格的素食者，他從來不抽煙，也滴酒不沾，而且早睡早起，如果你只是看他的生活模式，他簡直是一個聖人，一個道德家，但是他卻殺死了六百萬人。所以，殺生跟你吃不吃素無關。

◉

一隻狼突擊另一隻羊，這狼是在殺生嗎？牠是好或壞呢？牠是罪惡的嗎？如果我們以道德來解釋，那麼牠看起來是非常罪惡、非常暴力。然而狼並不是在做任何特別的事，牠只是在吃東西，就好像你肚子餓了就要吃一樣。但是人們會去解釋，會從自己的觀點去看事情。

如果這隻狼突擊的是一隻蛇，那個解釋又變了，如果你很討厭蛇，那狼殺了蛇，必然是「功德」一件，對嗎？當立場變了，解釋就大不同。

有陣子「宗教界」很流行「放生」，有放生魚、放生鳥，也有人放生蛇，就為了自己要「作功德」，不但破壞整個生態環境，而且還禍及這些生命。

想一想，這是作功德，還是缺德？是在放生，還是殺生？

## 放生與殺生

放生蛇，鳥就遭殃；放生鳥，魚就遭殃；放生魚，蟲就遭殃；放生蟲，人就遭殃。

對這個好，對那個就不好。

這是何必呢？對此，我沒有立場，那就是我的立場。

不去放生，也不隨便殺生。

GLET
H
ZIMMER
FREI

# 反而比不信教的人心胸狹窄

信徒往往因「太過虔誠」而落入所謂的「我執」，為教理執著，為教主執著，為師父執著，甚至為「神像」執著。

路邊有一座小神廟，香案上供奉了三尊泥塑的神像，孔子在中間，老子在左邊，佛陀在右邊。

附近的居民不覺得奇怪，早晚都來上香。

有一天，來了一個道士，一走進廟門就嚷了起來：「有沒有搞錯，我們教主老子乃是玄天至尊，怎麼能放在旁邊呢？」

他撩起袍袖，就把老子的像搬到中間。

不久之後，一位老和尚路過，也走進廟裡，不禁合掌唸道：「阿彌陀佛，我佛如來，才是至尊，怎麼能放在下位呢？」說完，就把佛像搬到中間。

又過了不久，來了一位秀才，他走進廟裡不禁搖頭嘆息：「這成何體統！孔夫子是至聖，是萬世師表，怎麼可以站在旁邊呢？」於是，就把孔子又移到供桌的中央。

就這樣，過了一段時間，每回有外地人路過，總會因為「信仰」不同而搬動神像，到後來，不但神像外面的色彩剝落，四肢都殘破不堪。

有一天，孔子、老子和佛陀相約雲遊四海，路過了那間小廟，看到泥像殘敗的樣子，不禁感嘆的說：「我們本來好好的，也沒有什麼高下之分，卻被一些『無事生非』的庸人搬來搬去，弄成這副慘狀！」吹一口氣，把泥像都粉碎了。

這種現象在宗教界相當普遍，我是基督徒、佛教徒，這個徒，那個徒，信徒往往因「太過虔誠」而落入所謂的「我執」，為教理執著，為教主執著，為師父執著，甚至為「神像」執著，原本以慈悲為懷的宗教，到頭來反而變成比不信教的人心胸狹窄。

◉

宗教上的信仰並不代表什麼，如果一個教徒無法讓人感覺到良善與愛，他就不是一個好教徒，這跟你是否虔誠無關。如果你的宗教無法包容別人的信仰，那你又憑什麼認為你的信仰比別人的宗教還大？又憑什麼認為你的修行比別人的修行更好？

我看過有一些人非常暴烈、非常虛偽，但他們對信仰卻非常熱心，非常虔誠。尤其在參與宗教的活動時，或是跟「這些人」在一起，那真是「好的」沒話說，但是一旦回到家裡，或是跟「其他人」在一起，那就完全不是這麼一回事。

卸下「面具」之後，如果你仔細觀察，他本質上還是同一個人，他還是那樣的愛計較，還是那樣的容易動怒，一樣禁不起一點刺激就會露出原始的本性，而且或許還比以前多了一點「自我」。

虔誠的自我主義者比任何人都還要虔誠。他們相信自己已經找到真理，「別人的」根本不算什麼，他們聲稱並堅信他們所信奉的教誨才是唯一的大道，所以只要任何與其對立者都會遭到憤怒與譴責，反之，任何支持者都會獲得讚許與肯定。他們會變得非常自我，就像這個父親一樣：

◉

有個孩子問他的爸爸：「如果有一個回教徒後來變成佛教徒或基督徒，你有什麼看法？」

篤信回教的爸爸聽了很生氣，他說：「他是一個叛徒！他出賣了我們，也出賣了自己的靈魂，這樣的人是我最不恥的人。」

然後那個孩子接著問：「那，爸爸，如果是一個佛教徒或是一個基督徒變成回教徒呢？」

爸爸展露出笑容說：「那太好了，這個人很有智慧，也很勇敢，他願意改邪歸正，我們應該歡迎他、尊敬他、榮耀他。」

你看，就是這樣，人就是這樣以自我為中心。如果你認同某個人、某個信仰或某個政黨，當我說他們的好話，你就會認同我，喜歡我，覺得我很不錯；如果我說了一些批評的話，你就會懷疑我，討厭我，覺得我很差勁。

◉

虔誠過了頭，就陷入這種「非友即敵」的二分法，相信自己信仰可相信到不分對錯，挺自己黨派可以挺到不分是非，認為別人都是錯的，別人都是萬惡不赦。許多人類的戰爭之所以稱為「聖戰」（Holy wars），就是因為雙方都堅持自己的神才是唯一的，大家都認為上帝是站在他們那一邊，甚至把異教徒當作敵人。

那也就是為什麼許多宗教不但沒有帶來和平，反而引發更多的鬥爭；為什麼許多政客不但沒有帶給社會和諧，反而引起更多的對立；為什麼許多信徒不但沒有帶給家庭團結和樂，反而造成更多的衝突與紛爭。

所以光是虔誠是不夠的，還必需要有愛，要有慈悲心。一個少了慈悲的虔誠，就像少了關愛的熱心一樣，那樣只會跟人漸行漸遠。

## 虔誠與慈悲

神是慈悲的，慈悲是從上而下，是給予，不管是誰有需要，慈悲都流向他。

崇敬的虔誠正好相反，虔誠是從下而上，是乞求，乞求慈悲都流向他。

當一個人從虔誠走向慈悲，那就是宗教，宗教是從人性走向神性。

# 單有一隻飛燕，還算不了春天

任何單一的觀點都是狹隘且不完整的。
從片面的認知就作結論，
就好像僅憑著封面去判斷一本書的好壞，
這不是太主觀了嗎？

人是經驗的產物，我們對人事物的看法，經常被我們自己過去的經驗系統所限制與扭曲，所以許多被我們認定的事實並非真相，往往只是「印象」罷了！

記得有一則故事是這樣的。有位先生初到美國不久，某個早上到公園散步，看到一些白人坐在草坪上聊天、曬太陽，他心想：「美國人生活真是悠閒，有錢又懂得享受生活。」

走了不久，又看到有幾個黑人也悠閒地坐在草坪的另一邊，這位先生不禁感慨，「唉！黑人失業的問題還真是嚴重，這些人大概都在領社會救濟金過生活。」

為什麼會有那麼大的差別？對，是印象。

我們都依憑著印象在作判斷，比方，你認為：「美國人都很浪漫」、「黑人都很貧窮」、「有錢人都很吝嗇」、「帥哥都很花心」、「婚姻的第三者都是壞人」……。此後你心中就會建立起一套「刻板印象」，並用這個「印象」去解釋或評論周遭的人事物。

然而，印象並不是真相，許多誤會、衝突與猜忌也就於焉而生。

如果你對我早有某種印象，我對你也是如此，那麼我們自然無法看到真正的對方。一旦你對某人或某事的「印象確立」之後，就會自動「印象概推」（Halo Effect），將自己對那個人的印象和他的言行舉止聯想在一起。

你可以觀察一下，當你自己覺得，或別人告訴你，某個人很自私時，「自私」這個字眼就已經開始影響你的想法了，此後不論這個人做什麼，你很容易會「先入為主」的聯想到「自私」，對嗎？

當你知道某人是婚姻的「第三者」時，那麼你對這個人很可能已經產生負面印象了。等下次再遇到或與朋友談及這個人的時候，因為先前對他的印象已經固定了，所以我們就很難去了解實際上他是什麼樣的人。

當你有一種特定的信仰，譬如你是個佛教徒或基督徒，不可否認的，你可能就會用這種「身份」和「信仰」來思考問題，來評斷是非，不是嗎？

有則故事說，一個清教徒和一個天主教徒走在路上，兩人剛好看到一位神父走進一家妓院。那位清教徒露出一副不屑的表情，心想這下終於讓他抓到了天主教徒偽善的狐狸尾巴。但那天主教徒看到了這個情景，臉上卻不禁流露出莊嚴肅穆的神情，他驕傲地認為當他們的一位教友臨終時，即使是妓院，神父也會義無反顧地前去祈禱。

◉

真相如何我們雖無從得知，但可以確定的是，大家都是憑著印象作判斷。我們幾乎很少能單純地看一個人或一件事，因為只要一件新的事件發生，舊的記憶馬上參與意見，我們所有的反應都免不了融入個人的「經驗色彩」。

你與某個人相處，他曾經做過某件事，你覺得很好或不好；他說過某些話，你覺得高興或不高興，然後你就對他產生一種「特定的印象」，並把這個印象留在腦海裡。

不管那個人是你的妻子、孩子或朋友，不管你們是剛認識的或已經認識三年、五年或二十年，你們彼此都在記憶中累積、不斷強化那個印象。之後，只要對方又做類似的事或說類似的話時，你就會對他抱持著先前的看法，對過去的印象起反應，而看不到「現在的他」。

人與人相處久了，彼此的成見必然也就多，而當你們對彼此都有特定的印象，又如何能看到真相呢？

◉

這是一則改編自莊子的故事，有個人跟一位智者閒聊，正巧談起街上的某個人說：「他是個騙子，他曾欺騙我……。」那個人以很多的話語來批評他。

智者聽了之後說：「但是我聽說他非常孝順。」之後又來一個人，聽到智者的話跟著說：「沒錯，那個人是個孝子。」智者說：「但他是一個騙子。」

這兩個都感到疑惑，便疑惑地問：「你是什麼意思？」

智者說：「我並沒有別的意思，他或許是一個很壞的騙子，或許是很好的孝子。但對我而言，他既不是好的，也不是壞的，他只是他自己。我之所以這麼說他，只是為了要平衡一下你們兩個人的評論。」

騙子是不好的，但那個不好是什麼呢？為什麼他要去欺騙？欺騙的動機是什麼？因為欺騙是單一的行為，但欺騙的動機卻有千百種，有人是善意的欺騙，或許在某種情況下你也會欺騙，因為每一種行為都跟他所處的環境有關，所以，不能一概而論，你不能用單一的行為來論定別人。

◉

俄國作家雷洛夫在《浪子和燕子》一書中即說：「一燕不能成春。」

One swallow does not make spring，nor does one fine day.（一燕不能成春，一個好天亦不能成春。）大文豪塞萬提斯在他的名著《唐吉訶德》也說過：「單有一隻飛燕，還算不了春天。」

事實上，任何單一的觀點都是狹隘且不完整的。從片面的認知就作結論，就好像僅憑著封面去判斷一本書的好壞，這不是太主觀了嗎？

## 真相與印象

人是經驗的產物，我們對人事物的看法，經常被我們自己過去的經驗系統所限制與扭曲，所以許多被我們認定的事實並非真相，往往只是「印象」罷了！

如果你對我早有某種印象，我對你也是如此，那麼我們自然無法看到真正的對方。

等下次再見面的時候，因為先前的印象已經固定了，所以我們將很難去了解實際的真相。

# 如果站不住腳，那就必須用力跺腳

有事實，就講事實；沒有事實，就講法律；

沒有事實也沒有法律，就講道理；

如果沒有事實，沒有法律，也沒有道理可講，就拍桌子。

每當一個人放大聲量去強調什麼，實際的情形就正好相反。那些說話說得最大聲，說得跟真的一樣的人，事實往往相反。

比方，如果有人「過份」強調：「這問題跟我無關。」那麼你就可以了解到，那個人一定有什麼問題；同樣的，如果有人對某件事反應過度，說話「大小聲」，那就很值得商榷了。

◉

為什麼他要那麼大聲？為什麼他要一直解釋？為什麼他要一再強調？那一定是有原因……

有人發現遭小偷，然後大家開始喊抓賊，如果那個賊也在那裡，你想誰會喊最大聲？沒錯，就是那個賊，他會喊得最大聲：大家趕快來抓賊啊！別讓他跑了，這可惡的賊！

喊得最大聲，喊得最賣力，就是他的保護措施，因為這樣一來別人就不會懷疑是他，這怎麼可能呢？他喊得那麼大聲……

人們對自己的「清白」過度表白，對別人的「罪惡」過度反應，其實也類似這種作賊的喊抓賊。

莎士比亞有句名言：「我覺得，那女人申辯得太多了。」在尚未被問到就拼命的解釋，或是在被問到之後報以長篇大論的解說，這就難免給人「此地無銀三百兩」的感覺。

所以千萬別被那些義正辭嚴的表象給矇騙了。喊抓賊的，就是那個賊，這是很可能的。

◉

這也就是為什麼當人們自知不對，又不願認錯時，會變得異常生氣的原因，他們會加大音量，因為這樣別人才不敢去質疑，他的強硬態度，甚至會讓對方懷疑自己是不是錯了。這的確是個好方法。

所以，你可以注意到有些人很喜歡生氣，動不動就大發雷霆，因為生氣有許多的好處……

- 生氣可以嚇人，當別人被唬住了，就會聽你的。
- 生氣可以引人注意，當你想得到關注，只要發脾氣，胡鬧，就不會被冷落。
- 生氣可以控制人，讓人感到內疚：「我做了什麼，讓他那麼生氣？」這樣就可以操控別人。
- 生氣可以規避責任，當你不想做某件事，只要發一頓脾氣，那就沒你的事了。
- 生氣可以掩飾錯誤，當你做錯事的時候，只要發一頓脾氣，焦點就轉移。
- 生氣可以當作很好的藉口，你可以隨便發飆，然後再解釋說：「我控制不住自己。」這理由不錯吧！
- 生氣可以不必面對問題，因為大家都知道你正在氣頭上，哪個人那麼不長眼。
- 生氣可以掩飾無能，是的，只要發火，誰敢說你「無能」？只要用力拍桌子，

## 誰敢懷疑你的「力量」？

◉

我想起著名的法學專家格爾博士說的話，他經常對他的學生說：「如果有對你有利的法律條文，你要講得非常輕柔、緩慢、溫和、有禮，因為這個法條對你有利，所以不必擔心。但如果有對你不利的條文，那麼你要拍桌子，以強烈的語氣大聲地講，讓大家不敢懷疑，因為這個條文對你不利，你必須說的更理直氣壯，創造出一種好像條文是對你有利的氣氛。」

有理只要小聲說就可以了，重話可以輕說，大話可以小說，有話好好的說，但是如果你站不住腳呢，那就必須用力跺腳。怪不得在律師界會流傳這樣的笑話——

有事實，就講事實；沒有事實，就講法律；沒有事實也沒有法律，就講道理；如果沒有事實，沒有法律，也沒有道理可講，就拍桌子。

正所謂「無理取鬧」，無理的時候就用鬧的。因為「攻擊是最佳的防禦」，這下你知道為什麼人們會大發雷霆、會拍桌子的原因了吧！

## 大聲與小聲

有理只要小聲說就可以了，重話可以輕說，大話可以小說，有話好好的說。

但是如果你站不住腳呢，那就必須用力跺腳。

所以千萬別被那些義正辭嚴的表象給矇騙了。

喊抓賊的，就是那個賊，這是很可能的。

# 瞧你說的
# 跟「真的」一樣

愈多的解釋，「假的」成份往往愈高。
因為除非「不是真的」，否則你需要那麼多解釋嗎？
你越去欺騙、撒謊或作假，就需要越多的解釋。

當一個人試圖去說服別人什麼是「真的」，事實往往是「假的」，說服別人只是為了要說服自己，這是頭腦的詭計。因為當別人不再懷疑，他才能停止對自己懷疑；所以他會不斷地說服，不斷地解釋。

比方，有人作了一個決定結果是錯的，但是「木已成舟」既然已經決定了，為了不讓自己像個傻瓜，他就會一直說服別人說自己的選擇是對的，那決定「真的」很好，他會不斷地解釋，直到自己都被說服，以平衡一下自己失衡的心理。

以前有一個故事說，有一宗教團體深信上帝會毀掉這個世界。他們宣稱知道上帝要摧毀世界的日期和時間，而且還大膽宣告世人這個消息。

結果當他們宣告的時間來到了又過去，卻什麼事也沒發生，這讓他們覺得很不安，難道這預言是「假的」？於是他們想了好幾個小時，終於找到最完美的解釋。他們發現原來是他們的真誠和禱告拯救了這個世界，他們「說服了」上帝延期（甚至取消）世界末日。這麼一來，他們就更堅信自己是「真的」。

愈多的解釋，「假的」成份往往愈高。因為除非「不是真的」，否則你需要那麼多解釋嗎？你越去欺騙、撒謊或作假，就需要越多的解釋。那個解釋只是透露出你隱藏了些什麼……

就在昨天我讀到一篇笑話，有位先生吃早餐時，他的妻子走到他後面，突然給他一巴掌。「我在你褲袋裡發現一張紙條，上面寫著『瑪麗』的名字，」她氣沖沖地說：「你最好解釋一下。」「親愛的，妳冷靜點！」那人回答：「妳還記得我上星期去馬場嗎？那就是我投注那匹馬的名字。」

「真的嗎？」第二天早上，他的妻子又悄悄走到他後面，給他一巴掌。「妳這是幹什麼？」他生氣地說。「你那匹馬昨天打電話來。」

你在騙誰啊！頭腦會繼續去找理由，人們稱它們為原因，頭腦非常狡猾，它可以給任何問題合理的解釋。當然啦！那些都是假的，如果你深入去了解，所有的理由無非都是為了掩飾事實的真相。

所以我說每當一個人試圖去強調什麼，實際的情形就正好相反。解釋無法隱藏任何東西，相反地，它們會透露一些東西。

有一天，老李很晚才回家，那時都已經清晨三點了，他敲了門，他太太非常生氣，但是老李說：「等一下，先給我一分鐘解釋，然後妳要怎麼生氣再說。你以為我去了哪裡？我是去照顧一個病得很重的朋友。」他太太說：「瞧你說得『好像真的』一樣，那你告訴我那個朋友的名字。」老李想了又想，想了又想，然後他說：「『老實說』，我也不知道，因為他病得很重，連他自己都忘記了！」

為什麼要說「老實說」呢？有些人說話時喜歡加上「說真的」、「坦白說」或「說實話」、「老實說」，為什麼要這樣強調？這不就表示說，他們在「說真的」之前，都是說「假的」；或是在他們不講「老實說」的時候，他們所說的話都是「不老實」囉？

怪不得，每當事情是「假的」，人們就會把它說的跟「真的」一樣。

## 真的與假的

當一個人試圖去說服別人什麼是「真的」，事實往往是「假的」，說服別人只是為了要說服自己，這是頭腦的詭計。

因為當別人不再懷疑，他才能停止對自己懷疑。

怪不得，每當事情是「假的」，人們就會把它說的跟「真的」一樣。

CAFE' DE PAR
STAURANT

# 就算光著身子，我還是亨利福特

在你認為自己無所不知的時候，學校會頒發學士學位給你；
在你認為自己一知半解的時候，學校會頒發碩士學位給你；
在你認為自己一無所知的時候，學校會頒發博士學位給你。

你是否曾經觀察過你自己？你一直都試著要去展現你的智慧，你總是迫不及待，只要你懂了些什麼，你就會急著想展示給大家知道。

之所以會這樣，那是因為你內在非常貧乏，所以你才會一再去展示你的豐富。你有注意到嗎？一個越無知的人，就越愛展現自己的知識；一個越無能的人，就越急著表現他的能力。一個越沒錢的人，就越喜歡展現自己的財富；一個人越沒什麼的人，就越喜歡強調自己有什麼。

如果你了解人性，了解心理學，你就會知道。事實上，那些人們想要展示的正是他們想隱藏的部份。

◉

有一個人曾問過一位泊車侍者，為什麼那些有錢大老闆給起小費來，總是很小氣，反而一些窮光蛋給起小費，總是出手大方？

他答道：「先生，我想那些富人不想讓別人知道他有錢；而窮人呢，也不想讓別人知道他沒錢。」

他說得對，那些刻意去展示的，其實是在隱藏。那也就是為什麼一些不怎麼有錢的人總愛裝闊，但真正有錢的人反而想裝窮。

讓我說一則亨利福特的故事給你聽：

有一次，亨利福特去到英國，在機場的詢問台，他問城裡最便宜的旅館，那個職員看著他，覺得很眼熟，這不是汽車大王亨利福特嗎？就在前一天報紙上刊了他的照片，還說他要來，現在竟然就站在眼前，穿著一件跟他自己年紀一樣的老外套。

那個職員請教說：「如果我沒有弄錯的話，你就是亨利福特先生，對嗎？我曾看過你的照片。」

他回答說：「是的。」

那個職員感到非常疑惑，他說：「你在詢問最便宜的旅館，並穿著一件舊外套。我也看過你兒子來這裡，他總是詢問最好的旅館，而且他所穿的衣服也是最好的。」

亨利福特這樣回答，他說：「是的，我兒子是炫耀，他的行為是為了展示；而我並不需要，不論我住在哪裡，我都是亨利福特，即使住在最便宜的旅館，我還是亨利福特，這並不會有任何差別。我也不需要用衣服來代表什麼，不論我穿什麼，我都是亨利福特，就算我光著身子，我還是亨利福特。」

◉

如果你去到最富有的人那裡，你將不會看到他展示財富；只有那些「半吊子」的才會去炫耀、去計算，真正的富有要從何計算？他們早就忘記自己擁有多少了。

真正有智慧的人，往往大智若愚，你不會看到他班門弄斧，賣弄文章，你甚至不會知道他知道什麼。因為生命是這麼廣闊，要怎麼宣稱知道呢？事實上，一個人知道得越多，就感覺自己知道的少；知道的範圍越大，無知的感覺也越強。

古希臘有位智者芝諾非常博學，上知天文，下知地理。

有一天，弟子問他：「老師，您的知識如此豐富，回答問題也很清楚，但您為什麼老是說自己不太明白？對自己所說的答案總是有所懷疑呢？」

芝諾用手杖在地上畫了一個大圓圈，又在大圓圈裏畫了一個小圓圈，然後指著地上兩個圓圈說：「大圓圈裏是我的知識，小圓圈裏是你們的知識，而這兩個圓圈之外，就是我和你們不知道的部分。因為大圓圈的周長大於小圓圈，所以，我能接觸到的無知疆界要比你們來得大，這也就是我的不明白和懷疑比你們多的原因。」

◉

有一位教授說得好：「在你認為自己無所不知的時候，學校會頒發學士學位給你；在你認為自己一知半解的時候，學校會頒發碩士學位給你；在你認為自己一無所知的時候，學校會頒發博士學位給你。」

學的愈多，才發現懂得愈少；懂得愈多，才發現知道的愈少。就連蘇格拉底都說：「我唯一知道的，就是我一無所知。」只有那些知道不多的人，才會「自以為是」地去展示。

所以我說，每當你去展示，你只是在展示你內在的貧乏。就好像顯露在櫥窗裡的展示品，遲早會褪色的。

人們隱藏錯誤，把任何醜陋的東西都隱藏起來；卻把任何好的、美的都展示出來，這根本是本末倒置。我們應該「隱善揚惡」，把那些有價值的東西隱藏在心裡，就像種籽埋在土裡一樣，如此才能發芽成長；反之，那些我們想隱藏的錯誤，都應該從黑暗的土裡挖出來，重見天日，改過自新，這樣才對！

## 展現與隱藏

一個越無知的人，就越愛展現自己的知識；

一個越無能的人，就越急著表現他的能力；

一個越沒錢的人，就越喜歡展現他的財富；

一個人越沒什麼的人，就越喜歡強調自己有什麼。

事實上，那些人們想要展示的正是他們想隱藏的部份。

38

# 你們怎麼都沒有提到我的謙虛！

謙虛是「忘了自我」，而自認為謙虛，卻是「自我膨脹」，那樣的謙虛只是另一種形式的驕傲。

一個真正良善的人就不會覺知到自己善良，一個真正謙虛的人就不會覺知到他自己是謙虛的，一個真正偉大的人就不會覺知到自己偉大，一個真正健康的人從來不會覺知到自己是健康的。

你曾感覺到你在呼吸嗎？除非你的呼吸出了問題，感冒、鼻塞、呼吸不順、快要斷氣，否則你不會注意到你在呼吸，對不對？

你曾感覺你鼻子是健康的嗎？不，當鼻子是健康的，你會忘記鼻子的存在；當你的身體都運作正常，你就會忘了身體的存在；當你非常健康，你就會忘了健康的存在。

一個真正健康的人從來不會覺知到自己是健康的，要怎麼感覺？如果你從來都沒有生過病，你將無法覺知健康的存在。

◉

同樣的，一個真正良善的人就不會覺知道自己良善。如果你很良善，你會意識到自己做了什麼善事嗎？你會對自己的善行念念不忘嗎？良善是那樣的平常，如果你是真的良善，你就不會覺知自己的良善。

我聽說，有一個老師帶著他的妻子參加學生的聚會，席間學生都一再稱讚老師的良善，他的妻子說：「的確，他經常佈施捐錢，而且還為善不欲人知，他捐出去的錢已經有一百萬元了。」

那老師插了話，他更正她說：「不是一百萬，加上最近這一次，一共有一百零五萬元了。」

為什麼會記那麼清楚？你會記得你總共花在孩子身上多少錢嗎？你給你孩子錢，你會覺得自己是在做善事或佈施嗎？如果不會，那為什麼當你把錢給了別人，你就覺得自己是在「行善」，因為你有分別心，因為你並不是真正的良善，因此你才會覺得自己在行善，才會念念不忘自己的善行。沒錯，真正良善的人不會覺知道自己的良善。

◉

一個真正謙虛的人就只是謙虛，他不會覺知到它自己是謙虛的，一個真正謙虛的人從來不會自己宣稱：「我是謙虛的。」因為謙虛是「忘了自我」，而自認為謙虛，卻是「自我膨脹」，那樣的謙虛只是另一種形式的驕傲。

有一則經典的故事。

有一個修道士正在靜坐，他的一些追隨者就坐在不遠的地方，他們正小聲談論著這位修道士高尚的美德。

其中一個人說：「他的見識廣博，學問更是無以倫比。」

「我同意，的確如此！」另一個人說：「他真是一位天才！」

「在靈性的修行，」第三個人說：「他更是高深莫測。」

「他非常有耐心！從來不會急躁。」

在談論當中，他們靜下片刻，就在那個時候，這位修道士睜開一隻眼睛說：「你們怎麼都沒有提到我的謙虛！」

這是謙虛嗎？

對此，富蘭克林就曾諷刺地說：「如果有一天，我變得謙虛有禮，我會引以為傲。」沒錯，這樣的謙虛是驕傲。

◉

在監獄裡面，犯人喜歡吹噓自己犯的罪行，如果某人犯下了一個謀殺罪，就會有人宣稱自己犯下五樁，並引以為傲。在美德上，人們喜歡宣稱自己做了多少善事，讀了多少次經文，靜坐了多少時間，捐了多少的錢……這跟那些「自以為是」的犯人又有多少差別呢？

把那些都忘掉吧！忘掉善行，才是真正的良善；忘掉自己，才是真正的謙虛；忘掉功德，才是真正的美德；忘掉偉大，才是真正的偉大。

你想讓別人知道你的偉大，那只是在隱藏你的渺小。其實呢，如果你是的話，無須強調，你已經是了，不是嗎？如果你是太陽，你需要說服別人你是光亮的嗎？真相已經在那裡。就像一朵花開的時候，它的芬芳和美麗自然會散佈開來，你無需強調。

反之，如果你必須告訴別人你是什麼，那麼，你就不是了。

◉

我想起一則有趣的故事——

有一個人邀請一位著名的品酒專家到家裡做客，因為他典藏了一些非常有價值的酒，他想要將他的珍藏展示給這個人看，希望能得到專家的讚賞。

首先，他倒給專家一杯他最有價值的酒，專家嚐了一下，一句話都沒說，就連最起碼的讚揚都沒有，他覺得很挫折。於是他決定給一杯非常普通廉價的酒，沒想到專家嚐了之後，連說好酒！好酒！非常好非常好。

他覺得疑惑，忍不住地問：我感到不解，我先前給你的是最名貴、最有價值的好酒，而你卻什麼都沒說；但是對這一杯最普通、最廉價的酒，你卻說非常好非常好！

品酒專家說：對於第一種酒，不需要有人對它說什麼，那個酒本身的好就為它說出了一切；但是對於第二杯酒，需要有人來肯定它、讚美它，因為它並不怎麼樣！

了解了嗎？

## 偉大與渺小

你想要讓別人知道你的偉大，那只是在隱藏你的渺小。

如果你是太陽，你需要說服別人你是光亮的嗎？

真相已經在那裡，你無需強調。

反之，如果你必須告訴別人你是什麼，那麼，你就不是了。

# 外表好看
# 但內心裡卻苦得很

和達官顯要、名人相比，
市井平民看似微不足道。
但是就因「微不足道」，
反而是小人物最「值得稱道」的地方。

大家都喜歡成名，因為當你沒沒無聞，沒有人會注意你，沒有人追逐你，沒有人對你感興趣，那你是誰？你什麼都不是，對嗎？所以你開始企求名位、名份、名望，為了就是要一個名。

然而當你功成名就，當你出了名之後，你又是什麼？你仍然什麼都不是。沒錯，到那時你做這個也不是，做那個也不是，人們會開始盯著你，讓你不得安寧，讓你失去自由。因此，你會嚮往過去沒沒無聞卻自由自在的日子。

◉

法國作家伏爾泰曾有感而發地說，當我未成名的時候，我每天都在對神祈禱：「使我成名，讓我成為顯赫的人。」然後當我成名之後，我開始祈禱：「太夠了，現在我想成為一個沒沒無名的人。」

他在回憶錄裡說，「因為之前，當我走在巴黎的街道上，沒有人會看我，沒有人會注意我，就好像我根本不存在。我進入餐廳，然後出來，沒有任何人會注意我，甚至連服務生都不看我一眼。」

「然後我成名了，」他寫道：「要走在街上變得很困難，因為人們會聚在一起談論我，要去任何地方都變得很困難。就連要上餐廳好好休息吃一頓飯都成了奢望，因為總是有一群人聚在那裡。」

事實上，當你變得很出名，當你變成一個公眾人物，你將失去自己，你將沒有私人生活，你必須一直表演，因為每雙眼睛都在注意你，都在調查你，你不能隨便說這個說那個，不能隨便做這個做那個……你無法做你自己，就像在展覽櫥窗內的假人一樣，必須穿最漂亮的衣服，擺出最美的姿勢，供人「觀賞」，即使想隨便抓癢的自由都沒有。

所以，當一個人變得出名，他會希望再回到沒沒無聞，一旦你知道「名望的代價」，你會想變得不出名，因為它是如此的一個負擔。

記得宋代有一位大官新入閣拜相，有人問他做宰相的滋味如何？他說做宰相就像穿新鞋一樣，外表是好看但內裏卻苦的很。

有多大的太陽，就有多大的陰影。我深知這點，所以這些年我雖然寫了不少書，也持續有文章和論文在報章雜誌發表，但是我都盡可能的不讓自己「出名」。即使有人聽過「這個名字」，但卻極少人知道是「這個人」。所以，舉凡上電視、電台的通告，或是在報章雜誌以及書本上放照片，我都能免則免，就是為了不讓自己「露臉」，這點我非常堅持。

英國詩人奧登（W·H·Auden）有一首仿俳句的三行短詩：「隱私的臉在公共的地方，比公共的臉在隱私的地方，更聰明美麗。」

我完全贊同他的看法，也如此奉行。是的！即使「有名」但也絕不「出名」，這樣至少可以為自己保留一張「隱私的臉」。

荷蘭的猶太哲學家史賓諾莎說得很對，他說：「善於隱藏者，乃善於生活。」這話用在現今「八卦誹聞」充斥的社會，真是再貼切不過。

你看看，那些名人巨星只是出個門、用個餐約個會，都要「瞻前顧後」，因為他很可能已經「被盯上」，很可能「被偷拍」，對嗎？他們除了不自由，甚至還禍及子女和親友的自由，搞得自己和周遭的人就像「小偷在躲強盜」一樣。想想，這樣的出名，真的是美事嗎？

有些名人，甚至連身故之後都不得安寧，因為隨時可能還會有人來「挖墳」，那些過去的是是非非、風流韻事都可能被一一扒出來。

十八世紀的英國詩人波普（A·Pope）說，當他死時，他希望悄悄的死，不留墓碑道破他的安息地，不要有慕名而來憑弔者或吵擾的觀光客，以陌生觀望的眼神，涉入了他最私密的安寧境地。

一般人只看到「一將成名」的光芒，卻沒看到「萬骨枯」的灰暗。你看，即使是盼得「安眠的淨土」對一個名人竟成了一種「奢望」。

◉

莊子住在一個小鎮很多年，有一天，他突然告訴門徒：「我們要搬家。」

他們說：「到底發生了什麼事，為什麼要搬家？我們在這裡一切都很好啊，一切都非常安穩舒適，為什麼還要搬家？」

莊子說：「現在人們已經知道我，我的名聲正在傳佈開來，當一個人出名，就應該小心，因為很快地會有人毀謗我，在他們開始毀謗我之前，我應該離開這個小鎮。」

他說得對，有了名，就沒有隱私，那遲早會被醜化的。

我聽說，老年的盧梭，有天在巴黎的森林散步時，看見一個年輕人正捧著《愛彌兒》津津有味的閱讀著。年輕人的面孔十分興奮，眼睛濕潤，大聲念著特別受感動的段落。

他並不知道眼前的老頭兒便是作者。他以讚嘆的口氣，向老人推崇這位日內瓦的大作家。年輕人的言語裡，充滿了景仰的情懷。

「可是你知道嗎？盧梭卻希望能將自己的命運與樵夫交換！他的名聲，因為成功而獲得滿足的同時，卻也被劇烈的毀謗打擊著。」

年輕人被老人激昂的聲調震懾住了，一時之間，不知如何反應。

這時，一輛馬車剛好駛過。坐在車裡的貴婦驚叫一聲，俯在車窗上，反覆地叫著：

「他是盧梭！他是盧梭！」

當豪華馬車消失在街的盡頭時，年輕人呆在那裡，兩眼睜得大大的。老人卻轉過身來苦笑說：

「現在的盧梭，連躲起來的資格都沒有！」

他接著說：「每個人都有權力窺探他的生活，敘述他最微不足道的事，侮蔑他的情感！他像一面牆，熙來攘往的人們，都可以在其上隨意的塗上侮辱的字句！先生，希望你能記住今天的見面，它使你認識『名望』這個東西。」

和達官顯要、名人相比，市井平民看似微不足道。但是就因「微不足道」，反而是小人物最「值得稱道」的地方。

只要高興，你可隨便穿著拖鞋，騎著機車，到夜市小攤來一份小菜，喝幾杯小酒，然後隨便閒逛……也不會有人批評，不怕有人偷拍，更不用擔心會上報。

想想，如果你是名人，你能嗎？

## 有名與無名

大家都喜歡成名，因為當你沒沒無聞，那你是誰？你什麼都不是。

所以你開始企求名位、名份、名望，為了就是要一個名。

然而當你功成名就，當你出了名之後，你又是什麼？你仍然什麼都不是。

沒錯，到那時你做這個也不是，想做那個也不是，人們會開始盯著你，讓你不得安寧，讓你失去自由。因此，你又嚮往著過去，你終於領悟，能平凡真好。但，你已經無法回頭……

LAS CADENAS

# 無用原來是大有作用

有用是來自沒有用。
如果你拒絕那沒用的，
那麼世界上就不會有用的。

在莊子《人間世》篇中有一個寓言故事，大意是這樣：有一位木匠和他的徒弟，經過一個地方，看到一棵大樹，這棵樹高大無比，枝葉茂盛，但木匠不看一眼就走過去了。

他的徒弟就問他說：「師傅，您為什麼連一眼都不看呢？」

這位木匠回答說：「因為那樹是一棵無用的散木。用它做船會沉，用它做棺槨很快腐爛，用它做器具很快毀壞，用它做門窗會流出油脂，用它做屋柱會長蛀蟲，它根本沒有什麼用處。」

木匠回家以後，夜裡夢見那顆樹對他說：「你怎麼能說我沒用呢？你看那些果樹，等果實熟了，就要被敲打或枝葉被折斷，這都是因為它們『有用』而害了自己，為自己招來橫禍。而我因為『無用』，所以才得免斧鉞之伐，而安享天年。」

無用，原來是大有作用。

有一則故事說，一天，臉上眼睛、鼻子、嘴巴，突然激烈地對眉毛開起鬥爭會議。眼睛首先發難說：

「各位！在我們五官之中，我最有用。如果沒有我，你們什麼也看不到，但是這麼舉足輕重的我，竟然被安放在沒有用的眉毛之下，我不服氣！」

眼睛才說完，鼻子也站起來抗議道：

「眼睛大哥！你且息怒，說到有用，我鼻子才最有用。如果我不呼吸，你們就活不成了，但我還不是在一無是處的眉毛之下呢？你們大家評評理，我所受的委曲是不是更大呢？」

鼻子才說完滿腹的牢騷，嘴巴也迫不及待地大聲嚷道：

「兩位大哥，你們固然重要，我嘴巴也不是等閒之輩。你們想想，平常是誰在幫你說話的，還有要不是我又吃又喝，你們早就死了，像我這麼重要，竟然排在眉毛下面，你們說氣不氣人。」

你一言，我一語，把眉毛攻擊得無法招架，眉毛只好說：

「各位大哥！真慚愧，我真是一無是處，我不應該在你們上面。」

說完，眉毛就跑到眼睛下面。大家一看，眉毛在眼睛下面，怎麼看都不對勁。不得已，把眉毛又趕到了鼻子的下面，但是鼻子下面跑出兩道黑眉，看起來也不對，大家七嘴八舌的交相指責，最後眉毛只好跑到嘴巴下面。這回毫無用處的眉毛終於合乎眾意，在五官的最下面。

但是大家仔細端詳，眉毛不管在眼睛、鼻子或是嘴巴的下面，都顯得非常突兀怪異，最後大家決議說：

「眉毛雖然沒有用，還是讓眉毛回到眼睛上面，因為這樣看起來才像人。」

這故事說的是「天生我才必有用」。眉毛是無用的嗎？不，眉毛看似無用，其實大有作用。

眉毛就像房子的屋簷一樣，是保護眼睛的屏障，能擋住飛揚的塵土，讓眼睛不受雨水或汗水的浸蝕。而且眉毛還是人類所特有的，別個動物都沒有，所以如果一個人少了眉毛，那就「四不像」了，對嗎？

人們在衡量人事物的價值，也是這樣，常以這種「有用」、「無用」，以「效用」作為界定的標準。

比方，我們經常聽到父母會問，我的小孩應該學什麼才有用？他要讀什麼對以後比較有用？

如果你告訴他們，他應該去讀理工或外文，應該把數學和英文學好。之後你再看看，如果這小孩去讀一些「閒書」，父母就會認為是「浪費時間」，因為「教科書」都讀不完了，哪還有閒功夫去看那些無用的書。

然而，只要考試不考的書，就是無用的書嗎？當然不是，我的書架上放了許多影響我一生的書：存在主義作家祈克果的《恐懼與戰慄》、俄國文豪托爾斯泰的《安娜卡列尼娜》、大仲馬的《俠隱記》、《基度山恩仇記》；以及像《山居歲月》、《湖濱散記》、《戀戀山城》、《曠野的呼喚》等等簡樸作品，這些書都讓我受用極大。

我也喜愛讀一些歷史、傳記文學和宗教哲學的書，透過書本不但提升了我的視野，也豐富了心靈。按專長我的專業是醫學，但我對知識卻「求知若渴，饑不擇食」，也因為我讀了很多「無用的書」，讓我做出許多「有用的事」，進而寫出一些「有用的書」。

◉

記得在《莊子》裡有這麼一段話，大概是這樣：

惠子告訴莊子說：「你所教的都是一些沒有用的。」

莊子回答：「如果你不知道那些沒有用的，你就無法談論那些有用的。比方，大地是那麼地寬廣，但是在這麼寬廣的大地上，人也只不過是使用其中的一小部份來站立而已。」

「現在，假如你把那些實際上『沒有用』的土地拿走，結果會怎麼樣？除了你所站立的地方之外都變成了深淵，對嗎？如果是這樣的話，那請問，你還能使用那些

『有用的』土地多久？」

惠子說：「那麼那些本來有用的也就變得沒有用了。」

「所以說，」莊子下了結論：「那些沒有用的是絕對需要的。」

他說得對，有用是來自沒有用。如果你拒絕那沒用的，那麼世界上就不會有用的。

一顆大樹之所以能成長茁壯，之所以能頂天立地，就是因為有那些泥土、石頭、雜草、落葉、垃圾……就是靠這些「沒有用」的東西，才能造就「有用」，造就這「可造之材」，不是嗎？

◉

你知道一個房子的價值要怎麼計算嗎？如果你想到的是「價錢」或「效用」，那你一定會計算牆壁、建材，那些看得到的，而不是空間，因為空間是免費的。

如果問你房子最「有用」的地方，你同樣會說是牆壁、建材，那些看得到的。因為如果沒有牆壁，你要如何遮風避雨？如果沒有樓梯，你要怎麼上樓？

但是，一個房子是牆壁和建材嗎？不，房子是一個空間，你不能住在牆壁或建材裡面，你必須生活在空間裡。牆壁和建材雖是「有用的」，但你必須生活在那「沒有用」的部份。

如果沒有那「沒有用」的空間，你要如何活動，要如何呼吸？如果你的房子只是牆壁，那根本不是房子，而是墳墓。那有用的也就變得沒有用了。

◉

所以，不要說這個有用，那個沒用，不要以「效用」來評斷人事物的價值，那樣是不對的。如果以「效用」來說，年輕人比老人更有用的，老人似乎是個負擔，但是如果沒有老人又哪來的年輕人？如果沒有那「沒用的」，又哪來這「有用的」。

套句莊子的話：「如果你拒絕那沒用的，那麼世界上就不會有用的。」無用，原來是大有作用。

## 有用與無用

一顆大樹之所以能成長茁壯，之所以能頂天立地，就是因為有那些泥土、石頭、雜草、落葉、垃圾……就是靠這些「沒有用」的東西，才能造就「有用」。

一個房子並不是牆壁和建材。不，房子是一個空間，你不能住在牆壁或建材裡面，你必須生活在空間裡。

牆壁和建材雖是「有用的」，但你必須生活在那「沒有用」的部份。

如果你拒絕那沒用的，那有用的也就會變得沒有用了。

# 放對地方就是天才

神經質，用對地方就變成細心敏銳；
急性子，用對地方就變成積極；
慢郎中，用對地方就變成慢條斯理……

什麼是天才，天才就是放對地方的人才；相反的，如果你把他放錯地方，那就變成蠢材。

假如你把一位土著帶到都市或是你的辦公室，你一定會覺得他很愚笨，因而認為他是個「蠢材」。

反之，如果你跟這位土著被困在非洲叢林，既無食物，也無水喝，那麼，情況將完全不同，你一定會覺得這位土著簡直是個「天才」，因為，他懂得各種求生的技巧。

◉

正如魚善泳而鳥善飛，每個人生來都是人才，只是才智所表現的方式不同，有人表現在繪畫上，有人表現在數理上，如果你以數理作為衡量的標準，那麼畫家看起來將會很蠢。

反之，換成以繪畫做標準，那即使是數理的天才也會變成蠢材。

有些科學家連音階都抓不準；有些藝術家連算數都不會算，可是他們「把自己放對地方」，所以成就非凡。

拍過《法櫃奇兵》和《辛德勒的名單》等經典名作的導演史蒂芬．史匹柏就是個例子。

他因高中的成績非常差，沒有任何大學願意准他入學。因而他走進電影工作室，認真學習他喜愛的東西。今天，他不但製作了許多評價極高的影片，更成為家喻戶曉的大導演。

畢卡索剛出道時原想當詩人，結果他的詩被極具鑑識能力的絲泰茵夫人評得一文不值，他因而回心轉意去學畫。幸好有這位貴婦的提醒，否則這世界不就少了一位大畫家嗎？

寫詩所需要的才智與繪畫不同，有藝術天份的人不定有語文的天份，所謂天生我材必有用，端看你是否擺對地方。

◉在網路上曾讀到一則故事。

有一位小姐剛從大學商學院畢業，很順利地進入某家私人公司裡做公關，然而，幾年下來，她卻做得很不順心。原因是她太過敏感了，只是別人一句不經意的話，都讓她耿耿於懷，這個缺點讓她在從事公關工作時，感到非常挫折和痛苦。

某個星期天，本身是基督徒的她沮喪地來到教會聚會，將一肚子苦水一股腦兒地全向牧師傾吐，牧師忽然靈光一閃，說：「既然你對細節這樣地敏銳，何不改行做會計呢？別做公關了，不妨試試管帳吧！」

她想想覺得有理，於是便花了幾個月的時間，把過去所學的財務專業加以溫習，幾個月後，她主動申請調到會計部門。果然她那個過度敏感的「缺點」在會計部門反而如魚得水。自此，不再有同事說她不稱職，主管還稱讚她「很細心」，是個不可多得的好人才。

可不是嗎？神經質，用對地方就變成細心敏銳；急性子，用對地方就變成積極；慢郎中，用對地方就變成慢條斯理……

那些有傑出成就的人，就是因為他們知道把精力放在自己最擅長的地方；同樣的，許多人會失敗，也不是因為能力差，努力不夠，而是放錯地方以致無法發揮所長。

詩人愛默生說得好：「雜草是一種優點尚未被發現的植物。」沒錯，只要學過園藝的人都知道，雜草如果你把它放對位置，能涵養水分和保持土壤。

即使是骯髒污穢的垃圾，只要放對地方，也能滋養大地，開出美麗的花，結出甜美的果實。

這世上沒有任何一個人和東西是沒用的，只要放對地方，都是「可造之材」。記住，每個人生來都是人才，沒有人例外。只要你能找到出自己的天賦，選對舞台，那你也可以成為天才。

## 天才與蠢材

天才就是放對地方的人才；相反的，如果你把他放錯地方，那就變成蠢材。

這世上沒有任何一個人和東西是沒用的，只要放對地方，每個人都是「可造之材」，沒有人能例外。

只要你能找到出自己的天賦，選對舞台，那你也可以成為天才。

Barbican
Museum of
London
Switch on The Entertainers
15
EAST HAM

# 你永遠料不到未來會如何

大多數的人總會為了某人或某事而傷心落淚，
如果我們當時便能清楚狀況，
我們反而慶幸自己的好運。

一件事情的好壞，不能只看當時。今天在你看來是件好事，可能明天卻變成了壞事；相對來說，在明天看來是個壞事，很可能到了後天又變成好事。有一則「塞翁失馬」的故事，你應該也聽過：

有一個窮老人，他只有一個獨子和一匹馬。有一天，他心愛的馬逃出馬廄，在附近的山麓走失了。

鄰人聽到這件事，都非常同情他，「你的馬走丟了，真是不幸啊！」大家都紛紛安慰他。他卻說：「你怎麼知道這是不幸？」

果然，幾天之後，他的馬自己回來，同時還帶回十二隻漂亮的野馬。鎮上的人聽到有這麼好的事，紛紛恭喜他，「你運氣真好，現在你有十三匹馬！」老人卻說：「你怎麼知道這是好運？」

他的話言猶在耳。第二天，他的獨子在騎其中一匹野馬時，不小心從馬背上摔下來，竟跌斷了腿，變成瘸子。鄰居聽到這件意外，又對他說，「你的兒子變成跛子了，真是不幸！」但是，老人又回答：「你怎麼知道是不幸？」

果然，事隔不久，督軍到鎮上來，徵召所有健壯的青年上戰場打仗。戰爭輸了，所有的士兵都陣亡。村子裡唯一倖存的年輕人是老人他跛腳的兒子。他因為殘廢而躲過一劫。

◉

所謂：「塞翁失馬，焉知非福」，人生禍福、好壞本來就很難預料。你發了財、升了官、中了樂透彩、或是和你心愛的人結婚，這些看來都是好事，但它們真的是好事嗎？不，那只是眼前，如果你拉長時間去看，那就未必了。這故事我曾一再提到：

有一個官員到一家精神病院參觀，院裡的護理長逐一地向他解說每一位病患的狀況。有一位病人手中握著一張照片，一邊哭一邊用頭撞牆壁。

官員問：「這個人怎麼啦？他發生了什麼事？」

護理長說：「他曾經深愛過一個女人，就是他手裡一直握著的那張照片上的女人，不論醒著或睡時，都不肯將照片放下。但是那女人卻嫁給了別人，所以他才會發瘋。」

官員說：「真是令人感傷的故事。」

這時隔壁房間有一個人正用頭用力撞牆。官員問：「天啊！他又怎麼了？」

護理長說：「他就是娶了那個女人的人！他一直想自殺，所以就被送進了瘋人院。」

◉

「福兮禍所倚，禍兮福所倚」，送上門的福，有時不是福；接二連三的禍，可能不是禍。你丟了工作、投資失敗、考試落榜、生了大病、愛人跟人跑了，你當然會認為這些都是壞事，但它們真的不好嗎？不，那只是相對於過去，你覺得現在是不好的，但當事過境遷，你再回頭看，你的看法可能會完全不同。

你一定也聽過這樣的事，比方說，延誤了時間反而躲過一場車禍，失去了工作反而創造事業第二春；被愛人拋棄了反而找到真愛；或是犯了大錯，生了重病反而得到重生。所以根本沒有什麼事是絕對的好事或壞事。

《龐城末日》這本描寫公元七十九年，義大利古城龐貝因地震埋入地下的小說，裡面記有一個賣花的盲女孩倪娣雅的故事。她雖雙目失明，並不自怨自艾，也沒有垂頭喪氣把自己關在家裡。她學著跟常人一樣生活，一樣工作，自食其力。

不久，維斯維沙大火山爆發，龐貝城面臨末日。這座古城籠罩在濃煙與落塵下，昏暗如無星的午夜，黑漆一片。驚慌失措的居民衝來衝去，摸不到出路。但是倪娣雅卻因為本來就看不見，她的不幸竟成了她的大幸。

她靠著觸覺與聽覺，不但找到生路，還把她的親人搭救出來。

◉

作家梅樂・雪恩（Merle Shain）說得對：「大多數的人總會為了某人或某事而傷心落淚，如果我們當時便能清楚狀況，我們反而慶幸自己的好運。」

我聽說美國有一個農夫，受到土地仲介商的鼓吹，花了畢生積蓄，跑到佛羅里達州的鄉下買了一塊地，準備開墾成農場。

但是沒有多久，他就發現受騙了，因為那塊土地太過貧瘠，根本不能種農作物，甚至在遍佈一地的灌木林中，還有不少的響尾蛇，十分危險。

心態極端沮喪的他，簡直欲哭無淚。在一籌莫展之際，他靈機一動，改變經營策略，開始大量飼養響尾蛇，並且專門生產毒蛇血清。

他把整個農莊蛻變為毒蛇村，後來居然成為一個著名的觀光景點，每年吸引成千上萬的遊客前來參觀，連當地的郵局都有佛羅里達響尾蛇村的戳記。

要去辨別好運或壞運並非易事，你永遠料不到未來會如何，就像這位被騙的農夫一樣，你說，他的境遇是是好事，還是壞事呢？

## 好事與壞事

送上門的福，有時不是福；接二連三的禍，可能不是禍。

今天在你看來是件好事，可能明天卻變成了壞事；相對來說，在明天看來是個壞事，很可能到了後天又變成好事。

你永遠料不到未來會如何。

MUSIK
PHILIPS

## 看似沒有，其實什麼都有

佛陀在出家前，有著數不盡的財富以及位高權重的地位，他為什麼都不要，寧可當一個乞丐？因為他就是領悟到，最多其實是最少，沒有就是最多。

一般人都認為「有」比「無」多，所以大家都不斷地去追求，要有名、有錢、有房子、有車子、有事業……卻很少人領悟到「無」其實是比「有」更多。

你說你有車子，你有幾部？一部、兩部、五部，還是十部，不管你擁有幾部，那都是「有限的」，但是如果你沒有呢？「沒有」就是「無限」，如果你沒有車子，那你可以搭公車、火車、計程車……這台車、那台車，你有無數個選擇，你的「車子」是無限多，不是嗎？

你說你有很大的土地，有多大呢？一百坪、一千坪、一萬坪，還是更多，不管多少，那都是「有限的」，但世界是無限的，如果你什麼都沒有，你活在全世界，那你的土地也是無限的。

人們的視野非常短淺，只看到那些存在的實物，卻沒看到存在的空間；只看到看得見的，卻沒看到那看不見的。大家只知道追求更多，卻不知道「沒有」往往比占有擁有更多。

這是真的，平庸碌碌的小人物，雖然沒有什麼閒錢，但日子卻很清閒；擁有大公司和大別墅的大老闆，可能什麼都有，卻沒有空閒。

我碰過一些非常富有的人，他們雖在風景區買了不少土地，卻沒有時間駐足其間，欣賞那些美麗景致；雖然擁有豪華別墅，但是他們太忙了，忙得沒有時間享受，他們的僕人反而成了房子的主人。他們每天都非常緊張，以致雖有美味的佳餚，但卻沒有好的胃口；雖擁有華麗的床，但他們卻得了失眠。

反過來我們看窮人，乞丐，那些流浪漢，他們就睡在街上，人車來來往往，但是他們卻能照睡不誤，他們沒有柔軟的床，沒有輕柔的音樂，但他們可以睡到打呼。窮人無法吃到山珍海味，但他們卻有很好的胃口，他們也許只有一碗陽春麵，或許加顆滷蛋，然而你看他吃的樣子，是那麼的享受；他們雖然買不起公園旁的別墅，但整個公園都是他們的。

大地是床，石頭是枕頭，草地是地毯，天空是天花板，浮雲是棉被，太陽是電燈泡，河流是浴池，公園是花園，鳥啼聲是鬧鐘，車水馬龍是交響曲……對一個兩手空空的流浪漢來說，雖然什麼都沒有，但也等於擁有全世界。

◉

有一個富翁，想讓兒子見識貧窮人家的悽慘生活，於是帶他到某個鄉下窮人的家，在那裡過了一天一夜後，父子打道回府。

途中，父親意有所指地問兒子說：「你覺得這趟旅行如何？」

「很好啊！爸爸。」兒子愉快地回答。

「現在你知道貧窮是什麼滋味了吧？」父親將話題引到他的目的上頭。

「是的。」兒子說。

「那你發現了什麼呢？」父親關切地問。

「我發現他們家有四條狗，而我們只有一條；我們家有一個游泳池，但他們家有一片十倍大的水塘；我們家花園裡有國外進口的燈飾，但他們家可以看到滿天的星斗；我們家的天井直通前院，但他們家的門前視野遼闊，一望無際。」

當兒子說完時，父親悶著臉，沉默不語。

兒子於是做出了結論：「謝謝爸爸！讓我有機會瞭解我們是多麼貧窮！」

◉

什麼是富有？

富有不在「擁有」多少，而在「享有」多少。

我有一位朋友，他很喜歡陽明山優美的風景，為了能跟這片大地更接近，他在附近買下一筆土地。然而，自從買下土地之後，他的視野被一小塊土地限制住了，成天忙著整理那塊土地，反而無暇欣賞整個大地，他發現自己跟陽明山的美景距離反而變遠了。

的確，擁有不如享有。

陽明山的土地你買不起，不要緊；公園附近的土地你買不起，也沒關係，但你可以享受啊；有專人會幫你整理打掃、幫你整修花木，又不用付費，那不是很好嗎？為什麼非要「佔有」不可？

佔有不如擁有，擁有不如享有。是的，如果你懂得去享受又何必要擁有呢？就正如你不一定要擁有太陽，才能享有它的光彩；不一定要擁有夜空，才能欣賞燦爛星辰，不是嗎？

反之，如果你不懂得去欣賞、去享受，那即使給你再多，你仍然是什麼都沒有。

◉

當亞歷山大帝遠征印度時，這已是他心目中世界上最後一塊未被征服的土地，他遇到了哲人戴奧真尼斯。

戴奧真尼斯正在河邊沙岸上，哼著歌曲，裸著身體享受冬天的暖陽。這時，亞歷山大全副武裝，將軍和官員等一群人浩浩蕩蕩地到來，他們甚至依據皇宮中的禮節大聲宣告：「偉大的亞歷山大駕到！」

戴奧真尼斯繼續享受地哼著歌曲，並沒有加以理會，亞歷山大非常錯愕，他無法相信有人敢這樣對他，但他卻深刻地被戴奧真尼斯所吸引，因為他是那麼地喜悅。他說：「敬愛的先生，您的喜悅真是讓我印象深刻，不知有沒有什麼事可以讓我為您效勞？」

戴奧真尼斯懶洋洋抬起頭來，淡淡看了他一眼，說：「麻煩你往旁邊挪一下，因為你擋住了我的陽光！除此之外，我沒有任何需求。」

亞歷山大感動地說：「呀！如果我能再活一次，我將請求上帝，我不願當亞歷山大，我願成為戴奧真尼斯！」

戴奧真尼斯說：「你現在就可以成為戴奧真尼斯了，沒人阻止你，難道上帝在阻止你嗎？河岸這麼寬大，我們可以一起分享。」

亞歷山大一愣，說：「可是，我現在要去印度，我要征服全世界。」

戴奧真尼斯說：「征服全世界之後，你要做什麼？」

亞歷山大說：「然後我會好好享受。」

一陣大笑，戴奧真尼斯笑不可抑地對他說：「你瘋了！我現在就在享受了，而我並沒有征服世界，我也看不出有這個必要。我給你一個忠告，如果你無法享受當下，你永遠也無法享受。」

亞歷山大若有所感，他懇切地說：「您的話我會牢記心底，等我征服全世界，我一定回來，與您一起享受冬天的日光浴。」

不幸的是，大軍還未抵達印度，亞歷山大就在半路上病死了。

◉

就像拿破崙一樣，亞歷山大試著要征服全世界，他想變成一個更大的國王。他整個人生都浪費在創造王國，而沒有留下時間讓他成為國王。

當亞歷山大臨終時，他回想起戴奧真尼斯，他回憶起他的笑和他的喜悅，他擁有的歡樂：「而我一無所有。」

他感慨地掉下淚來，他吩咐他的宰相說：「當我死後，你把我的身體帶到墓園時，讓我的手伸出靈柩外。」

首相問：「但這不合傳統！為什麼？為什麼你要這麼做？」

亞歷山大說：「我想讓人們看到，我空手而來，而我空手而走，我整個一生都浪費掉了，讓我的手伸出靈柩外，好讓每個人都能看見：甚至亞歷山大大帝也是空手而走的。」

像他這樣生於帝國，又征服了另一個帝國，併吞東西兩個世界領土和財富的人，到死的時候，卻什麼都沒有享受到，他是不是比一個乞丐更窮呢？

佛陀在出家前，有著數不盡的財富以及位高權重的地位，他為什麼都不要，寧可當一個乞丐？

因為他就是領悟到，最多其實是最少，沒有就是最多。

佛陀非常感嘆，因為世人只執著於「有」，而不曉得「無」的妙用。他說，「正因為『空無』，所以具有『無限的可能』」。

就像空無的天空，看似什麼都沒有，但其實是什麼都有。

## 沒有與最多

你說你有車子，你有幾部？

不管你擁有幾部，那都是「有限的」。

但是如果你沒有呢？

「沒有」就是「無限」，如果你沒有車子，那你可以搭公車、火車、計程車……這台車、那台車，你有無數個選擇，你的「車子」是無限多，不是嗎？

你說你有很大的土地，有多大呢？

不管多少，那都是「有限的」，但世界是無限的，如果你什麼都沒有，你活在全世界，那你的土地也是無限的。

擁有不如享有，那些看似什麼都沒有，其實什麼都有。

# 真正的擁有，不會去佔有

所以你說他是你的，你擁有房子、擁有錢財、擁有權，
那是搞錯了。
除非你能夠放棄這種佔有，那你才算真正的擁有……
真正的擁有，不會去佔有。

放棄才是真正的擁有，一個人只擁有他放棄的東西。因為如果你真的擁有，你為什麼要抓住呢？一個守財奴並沒有真正的擁有，因為他總是緊抓著不放，一點錢都捨不得花，那他怎麼能算有錢？怎麼能算擁有呢？

想一想，如果有個人一生總共賺了一億元，然後到他離開人世時，卻只花掉一百萬元，請問，他真正擁有的是多少錢？是一百萬還是一億？對，是一百萬元，這才是他真正擁有的。

◉

人們常把放棄與擁有搞混了，以為擁有必須是「抓住」什麼，卻不知道其實「放下」才是真正的擁有。

我認識許多人就是這樣。他們以為自己擁有錢財，其實是錢財擁有他；他們以為自己擁有事業，其實是事業擁有他；他們以為自己擁有房子和車子，其實是那些東西在擁有他。

如果你抓住你的所有物，那你並沒有擁有它，反而是你的所有物在擁有你。

的確，當我們的所有物和欲求之物變成了我們想要保護，或是害怕失去的東西時，其實不是你擁有它，而是它擁有你。

就像有人買了房子，怕被偷、怕被搶，窗戶都加上鐵窗，門也加裝鐵門，把自己關在層層的「鐵幕」中。想想，到底是你擁有房子，還是房子擁有你？房子已成了他的「主子」，不是嗎？

◉

當你愛上一個人，你說你抓住了他，但是你是真的抓住了他嗎？還是你被他抓住了？

你想掌控對方的一切，你想隨時知道他人在哪裡，做些什麼，跟誰在一起，你認為這樣是掌控嗎？不，其實你才是被掌控的。因為你會東猜西想，你的懷疑以及你的情緒，都跟著他起伏不定，想想，誰才是被掌控的？

你害怕他自由，因為自由是不能掌控的，那太危險了，於是你就緊抓著不放。但當你抓得愈緊，他就逃的愈快；而當他跑得愈快，你又追得愈勤，在這種情形下，你們的愛早晚都會變成一場惡夢。

去看看人們的愛是多麼的醜陋，每個人都想去佔有，而愛一想佔有，就會生出了恨。得不到就恨，愛不到也恨，接下來就惡言相向，就反目成仇，這算哪門子的愛？

◉

一個試圖要佔有所愛的人，心裡應該非常的清楚，他並沒有佔有，否則佔有是不需要的。如果你已經擁有，又何必去佔有？

一個吝於給予的人，心裡應該非常的明白，他並沒有真正的擁有，當你真正擁有，你會給出去。一個有錢的人，他會給出錢；一個有愛的人，他會讓愛自由；唯有當你願意放手，你才是真正的擁有者。

許多分手的情人常弄錯了，以為分手是一種失去，其實分手並不是失去，分手反而是「得到」，因為如果你選擇一個人，就是放棄所有其他人，那你將「失去」任何可能的機會；反過來，當你願意「放棄」那個人，那你將「擁有」所有的可能。

這就像握拳的道理一樣，你或許會認為「抓住才能擁有」，所以你握緊拳頭，但是當你「抓住」就失去那些原本在你手中的空氣，反之，當你放開手，放開拳頭之後，整個空氣就在那裡，你將再度擁有新鮮的空氣。

沒錯，你願意放下那才是你真正抓住的。不管你擁有什麼，如果你無法放棄，那你並沒有擁有。

◉

有一則吝嗇與慷慨的故事，情節是這樣。有兩個和尚，一個人非常吝嗇，他的錢永遠「只進不出」，而另一個人正好相反，他非常慷慨，所以對那個吝嗇的和尚很不以為然。

有一天晚上，他們兩人來到一條河邊，那時正是傍晚日落時分，他們必須到河的對岸，那裡有個城鎮，而這裡是荒郊野外，非常危險。

吝嗇的那個人說：「現在你沒有半毛錢，所以無法支付渡河的費用，關於這一點，你怎麼說？你不是說我吝嗇，但如果現在我也沒有錢的話，我們兩人都會死在這裡。所以，你現在知道擁有金錢的重要了吧？有錢就是要勞勞守住。」

那個慷慨的人沒有說任何話。然後，那個吝嗇的人付了渡河的錢，兩人都來到河的對岸。這時，吝嗇的人得意的說：「從現在開始你要記得，下次不要又和我爭論了，你看，要不是我擁有錢，我們可能早就死了。」

另一個人笑了，他說：「但是，我們之所以能夠渡河，能夠生存下來，是因為你願意放掉錢，而不是因為你抓住不放。如果你仍然一毛不拔，那樣我們才會死掉。我們之所以能夠存活，是因為你能夠不吝嗇，你願意把錢給出去，這才是真正的原因。」

◉

沒有給予，也就不可能擁有。除非你願意把錢給出去，那麼你才是錢的主人，否則你只是奴隸，只是個守財奴，終身成為錢的奴隸。

你注意到了嗎？那些會對錢斤斤計較的人，對人對事必然也斤斤計較；對錢一毛不拔的人，在感情上也是吝於付出，只拿不給的吝嗇鬼。

吝嗇的人可說是世界上最窮困的人，他們甚至比窮人還窮。是的，一個最窮的人就是除了錢以外，一無所有的人。難道不是嗎？

大哲戈齊福（Gurdjieff）說得對：「所有我聚藏是我失去的，所有我給予的才是我的。」真的，你只能擁有那些你所給予的東西，愛與錢不是用來聚藏的，你用它，它就有價值；不用它，有就跟沒有一樣。愛與錢有如肥料，如不遍地撒播，對誰都沒好處。

人都是兩手空空離開人世，什麼也帶不走，所有的一切在你離開時，你都得放掉。所以，別去佔有，你應該盡情的去分享，分享你現有的一切，分享你的財富，分享你的快樂，分享你的愛，分享那些你死後帶不走的，要記住，唯有那些死亡無法帶走的才是你真正擁有的。
真正的擁有，不會去佔有。

## 放棄與擁有

放棄才是真正的擁有，一個人只擁有他放棄的東西。因為如果你真的擁有，你為什麼要抓住呢？

如果你抓住你的所有物，那你並沒有擁有它，反而是你的所有物在擁有你。

人們常把放棄與擁有搞混了，以為擁有必須是「抓住」什麼，卻不知道其實「放下」才是真正的擁有。

真正的擁有，不會去佔有。

# 結語：和諧的藝術

一朵蓮花從汙泥中生出來，那個污泥已經被蛻變成一朵蓮花。蓮花從來不會說：「我不喜歡這污泥，它很髒！」不，它不會去分別。如果你是純淨，就沒有什麼是髒的；就像出污泥而不染的蓮花，一樣開出清新脫俗的花朵。

但人們的作法卻正好相反。人們真是夠了，老愛把東西分類，分東分西、分黨分派，分你我、分淨穢、分好壞、分高低、分對錯、分有無、分神魔……。然而當你去分別，你就創造了對立。你選擇了一邊，那相對的一邊就成了你的對立面。

如果你認為某個人、事、物是「對的」，那只要是跟你不同看法的人就是「錯的」，這不就對立了嗎？如果你很愛乾淨，你喜歡跟良善的人在一起，相對的，你就會開始討厭骯髒，你會不喜歡那些不良善的人，對嗎？這個你討厭的、不喜歡的，就成了你的對立面。

當你信了某個教，你就排斥其他的宗教；當你認同好人，你就排斥壞人；然後你就會去批評、去爭論、去對抗，你就會製造出更多的「罪惡」，就為了證明你是「良善」，這不是荒謬嗎？

人與人之間為什麼有那麼多的衝突？你的神和別人的神為什麼會有衝突？是分別心，對嗎？只要有分別你就不可能過著和諧的生活。

◉

人們所謂的愛，通常都只是「喜愛」——你只喜歡自己所愛的，那樣的愛必然會有衝突對立，因為每個人所喜愛的都不同。到頭來，愛反而成了一道牆，而不是一座橋，所以在書裡。我提到慈悲，慈悲是「同體大悲」，沒有了分別，又哪來的個人喜愛？那樣的愛才是真愛，是大愛。

愛是接納，愛是包容。你可以和壞人爭吵，你可以和罪人爭吵，你可以和異教徒爭吵；但是你無法和愛爭吵。

在愛人的心裡，在慈悲的人眼裡，好人與壞人並沒有什麼分野，每個人的內心都有善的本質，在每個人的身體裡面都隱藏著一個佛，罪人只是還在昏睡的佛，他只是還沒醒過來，就只是這樣。為什麼還要在睡覺與醒來之作出分別？當你睡著和醒來時你是不同的人嗎？

其實每個人同時都存在善與惡，善是已經醒來的惡，而惡是還未醒來的善，它們其實是一樣的。

◉

我聽說，有一個小和尚問老和尚：「您說好人壞人可以度化，問題是壞人已經失去了本質，如何度化呢？」

老和尚拿起筆，在紙上寫左右相反的「我」字，問小和尚什麼字。

小和尚說：「這是我字，不過寫反了。」

老和尚問：「寫反的我字，算不算字呢？」

小和尚說：「不算！」

老和尚又問：「既然不算，你怎麼知道這個字是我字，而且寫反了？」

小和尚又改口說：「算！」

老和尚又說：「既然算，你為什麼說它寫反了？」

小和尚啞口無言。

這又讓我想起孟子說過一段話，用白話來說大概是這樣：

牛山的草木非常茂盛，在山一邊的城市為建築的需要砍伐木材，山的另一邊是農村，村裏的牛羊吃光了山上的花草，原本茂盛的一座山成了禿山。但是，禿山並非山的本性，花草樹木也不是山的本性。換言之，人性並非本善，也非本惡；山的本性是「可以」長出花草樹木，那是它的潛能，只要給予機會，山即使禿了，只要給予雨水與朝露，新芽便又發出來，仍舊可以成為一座茂盛的山。

人也一樣，每個人本具神性與佛性，只要給予機會，大家都能向善，都有無限的可能。

◉

每個人都活在一種可能性中，更明白的說，對人，我認為沒有什麼是不可能的。你可能成為希特勒，你也可能成為佛陀或耶穌基督，這兩種可能都存在。一個人可能從這扇門進去，或從另一扇門進去，甚至也可能從這扇門進去從另一扇門出來，每道善與惡的門都是打開而且相通的。

因此我不排斥任何壞人或罪人，也不特別喜歡好人或聖人，我的朋友中什麼樣的人都有，每個人存在不同的可能性，那是無法分別的。

我對善惡的看法跟一般人不同，什麼是善，什麼是惡？假如你發現有一個人在迷失，在昏睡，那麼一切能幫助他找到路的，能幫助他清醒的就是善，而一切阻撓他、對抗他，讓他更加迷惘，延長他昏睡的就是惡。

對於罪惡，如果你只是批評，而不去指引；只會挖瘡疤，而不會敷傷口，那就算你很良善，但你仍是罪惡的，這就是我對罪惡的定義。罪惡不是來自別人的行為，而是來自你的作為。

◉

就像蓮花對污穢的污泥一樣，它不排斥，反而全然的接納。萬物的本質都是善的，如果我們把慈悲和愛心放在良善的特質上，整個生命將立即改變，一旦你不再劃分，所有的對立消失，所有的衝突消失，那就是和諧的藝術。

一個真正和諧的人，即使身處在污泥，也能成為一株脫俗高雅的蓮花。